Deutsch im bunten Alltag

2. Auflage

Masahiko Ozono

ASAHI Verlag

音声・動画ストリーミング

https://text.asahipress.com/free/german/sougou-gakushu-2/

音声と各課「トピック・ドイツ」の関連映像がこちらのホームページから
ストリーミング再生で視聴できます。

音声動画ダウンロード

 音声再生アプリ「リスニング・トレーナー」

朝日出版社開発の無料アプリ、「リスニング・トレーナー (リストレ)」を使えば、教科書の音声をスマホ、
タブレットに簡単にダウンロードできます。どうぞご活用ください。

まずは「リストレ」アプリをダウンロード

» App Storeはこちら   » Google Playはこちら

▼ アプリ【リスニング・トレーナー】の使い方

① アプリを開き、「コンテンツを追加」をタップ

② QR コードをカメラで読み込む

③ QR コードが読み取れない場合は、画面上部に　25459　を入力し「Done」をタップします

QR コードは㈱デンソーウェーブの登録商標です

◆コラム執筆にあたり，下記作品の中から文例を，日本語文とドイツ語文比較対照のために引用させていた
だきました。お礼申し上げます。　（引用に際し，旧仮名遣いは現代仮名遣いに改めました。）

河合隼雄『昔話と日本人の心』岩波書店，2002 [1982].

酒井駒子『ゆきがやんだら』学研教育出版，2005. (*Es schneit!* Ursula Gräfe 訳, Frankfurt a. M.: Moritz Verlag, 2006.)

『更級日記』岩波書店，1963. (*Sarashina-Nikki*. Ulrich Kemper 訳, Stuttgart: Reclam, 1966.)

『芭蕉俳句集』岩波書店，1970.

村上春樹『海辺のカフカ』（上・下）新潮社，2005 [2002]（*Kafka am Strand*. Ursula Gräfe 訳, Köln: DuMont, 2004.)

よしもとばなな『ハゴロモ』新潮社，2006 [2003].（*Federkleid*. Thomas Eggenberg 訳, Zürich: Diogenes Verlag, 2009 [2007].)

Grzimek, Bernhard/Grzimek, Michael: *Serengeti darf nicht sterben*. Berlin: Ullstein Verlag, 1959.

Heine, Helme: *Freunde*, Weinheim: Beltz & Gelberg. 1982.（『ともだち』池田香代子訳，ほるぷ出版，1996.)

Kafka, Franz: *Die Verwandlung*. München: Deutscher Taschenbuch Verlag, 1997 [オリジナル 1916].

Kästner, Erich: *Das fliegende Klassenzimmer*. Hamburg: Dressler Verlag, 2001 [オリジナル 1933].（『飛ぶ教室』高橋健二訳，
　　岩波書店，1962.)

Krusche, Dietrich (Hg.): *Haiku*. München: Deutscher Taschenbuch Verlag, 1994.

Mann, Thomas: *Der Zauberberg*. Frankfurt a. M.: Fischer Taschenbuch Verlag, 1991 [オリジナル 1924].

雑誌：

Essen Sie sich jung. (ELLE, Sep. 2000)

インターネット：

Ballack schießt Deutschland ins Finale! (www.welt.de, 25.06.2002)

まえがき

多様な世界を共に生きる

●本書は初めてドイツ語を学ぶ人を対象とした初級ドイツ語の教科書です。コンパクトに，か
　つテンポよく学習できるよう，日本人学習者が最初に学ぶべき項目を，ドイツ語の使用実態
　に即して選定しました。主に大学や高校の授業で使用されることを想定し，授業時間数に対
　応した12課で構成してあります。ドイツ語学習に関する本書のコンセプトは次のようにまと
　めることができます。

- **端折らない** ────── ドイツ語の初級文法を一通り網羅する。
- **詰めすぎない** ──── 初学者の多様な関心とレベルに対応する。
- **誤魔化さない** ──── 本格的なドイツ語学習への確かな基礎を築く。
- **理解する** ─────── ポイントとなる項目は必ず練習で繰り返す。

●新しい外国語を勉強することのおもしろさ──そして難しさ──は，自分の慣れ親しんだ世
　界とは違ったものに出会うということでしょう。本書では，各課に設けたコラムを通して，
　異質なものを理解するヒント（のようなもの）を示しました。異文化を考えるにあたって，異
　なるものをより広い文脈の中で理解しようとするのが本書の基本的な立場です。学習を終え
　たとき，もっと遠くが見える人間として自分が立ち現れる──そのような願いを込めて本書
　を作成しました。

●最後になりましたが，本書の作成・改訂にあたっては，企画の段階から朝日出版社の藤野昭
　雄さん，日暮みぎわさんの助言をいただきました。またドイツ語の校閲ではDiana Beier-
　Taguchiさん，Wolfgang Höchtさんにご協力いただきました（Höchtさんには写真にも登
　場してもらいました。13頁左下）。この場を借りてお礼申し上げます。Danke!

　　　　　　　　　　　　　　　　　　　　　　　　　　　　　　　　　　　　　　　著　者

（なお本書では，各課「トピック・ドイツ」に関連した映像を，「DVD 映像で見るドイツ」より選出し，
DVDにて教授者の皆さまにご提供いたします。）

目　　次

Schwarzwald

ドイツ語圏略地図（ ☐ はドイツ語使用地域）

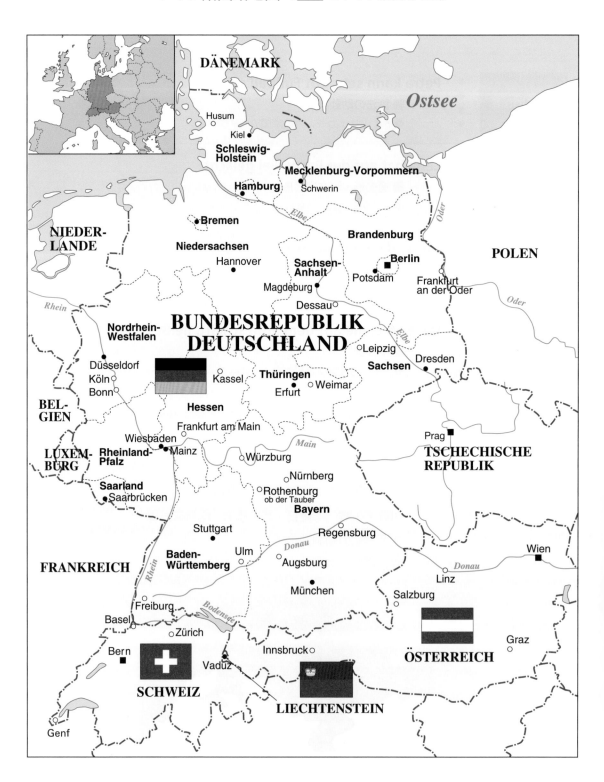

Das Alphabet

A	a	$\mathscr{A}$	a	aː	Q	q	$\mathscr{Q}$	q	kuː
B	b	$\mathscr{B}$	b	beː	R	r	$\mathscr{R}$	r	ɛr
C	c	$\mathscr{C}$	c	tseː	S	s	$\mathscr{S}$	s	ɛs
D	d	$\mathscr{D}$	d	deː	T	t	$\mathscr{T}$	t	teː
E	e	$\mathscr{E}$	e	eː	U	u	$\mathscr{U}$	u	uː
F	f	$\mathscr{F}$	f	ɛf	V	v	$\mathscr{V}$	v	faʊ
G	g	$\mathscr{G}$	g	geː	W	w	$\mathscr{W}$	w	veː
H	h	$\mathscr{H}$	h	haː	X	x	$\mathscr{X}$	x	ɪks
I	i	$\mathscr{I}$	i	iː	Y	y	$\mathscr{Y}$	y	ˈýpsilɔn
J	j	$\mathscr{J}$	j	jɔt	Z	z	$\mathscr{Z}$	z	tsɛt
K	k	$\mathscr{K}$	k	kaː					
L	l	$\mathscr{L}$	l	ɛl	Ä	ä	$\mathscr{Ä}$	$ä$	ɛː
M	m	$\mathscr{M}$	m	ɛm	Ö	ö	$\mathscr{Ö}$	$ö$	øː
N	n	$\mathscr{N}$	n	ɛn	Ü	ü	$\mathscr{Ü}$	$ü$	yː
O	o	$\mathscr{O}$	o	oː					
P	p	$\mathscr{P}$	p	peː		ß		$ß$	ɛsˈtsɛt

Die Aussprache
つづりの読み方と発音

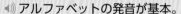

原 則

◀))) アルファベットの発音が基本。

◀))) ふつう最初の母音を強く読む。

◀))) 強く読む母音は，あとの子音字が ▶1つなら長く ▶ 2つなら短く。

Name [náːmə ナーメ] 名前　　Ball [bal バル] ボール

✓ ドイツ語の名詞は常に大文字で書き始める。

◈ 外来語は注意が必要

Café [kaféː カフェー]　喫茶店（◀フランス語）　　Familie [famíːliə ファミーリエ]　家族（◀ラテン語）

E-Mail [íːmɛɪl イーメイル]　Eメール（◀英語）　　Handy [hέndi ヘンディ]　携帯電話（◀英語）

◈ アクセントのない前つづり　▶be-, emp-, ent-, er-, ge-, ver-, zer-

bekommen [bəkómən ベコメン] もらう

1 母 音

ä	[ɛː / ɛ]	Träne [trέːnə トレーネ]	涙	Bälle [bέlə ベレ]	ボール（複数）
ö	[øː / œ]	Öl [øːl エール]	油	Löffel [lœfəl レッフェル]	スプーン
ü	[yː / ʏ]	Tüte [tyːtə テューテ]	袋	Hütte [hʏtə ヒュッテ]	小屋
y	[yː / ʏ]	Typ [tyːp テューブ]	タイプ	Hymne [hʏmnə ヒュムネ]	賛歌

◈ 日本語にない音①：ウムラウト（変母音）

ö [øː]	唇を突き出して「エー」
ü [yː]	唇を突き出して「イー」

母音＋h（長音）		Bahn [baːn バーン]	鉄道		
aa	[aː]	Aal [aːl アール]	ウナギ		
ee	[eː]	Tee [teː テー]	お茶		
oo	[oː]	Boot [boːt ボート]	ボート		
ie	[iː]	Liebe [líːbə リーベ]	愛		

✓ ただし外来語：Familie [famíːliə ファミーリエ]　家族

au	[aʊ]	Baum [baʊm バオム]	木		
ei	[aɪ]	Eis [aɪs アイス]	アイスクリーム		
eu, äu	[ɔy]	Euro [ɔ́yro オイロ]	ユーロ	Bäume [bɔ́ymə ボイメ]	木（複数）

★補助記号

[aʊ] などの_は連結して発音されることを示す。

[i] などの_は単独で音節を形成しないことを示す。他の母音に続けて軽く発音する。

| r | [r] | Gras [graːs グラース] 草 |

★発音表記 [r]
ドイツ語の r の発音にはいくつかのバリエーションがあるが，辞書ではふつう [r]（または /r/）で代表させている。実際の発音は [ʁ] など。

◈ **日本語にない音②：ドイツ語の r**

　[ʁ]　のどひこに息をあてる「摩擦音」（もっとも一般的）

バリエーション

　[ʀ]　のどひこに強く息をあてる「ふるえ音」（[ʁ] の強めの発音）

　[r]　舌先の「ふるえ音」（いわゆる「巻き舌」）

s + 母音	[z]	Sofa [zóːfa ゾーファ]　ソファー
		✓ ただし結びつきによっては：Kekse [kéːksə **ケークセ**]　クッキー（複数）
-s	[s]	Kurs [kʊrs **クルス**]　　コース
ss, ß	[s]	Tasse [tásə **タッセ**]　　カップ　　Größe [gróːsə **グレーセ**]　大きさ

◈ **ss と ß の使い分け**
前の母音が ▶ 短母音なら ss　▶ それ以外なら ß

sp-	[ʃp]	Spiel　[ʃpiːl **シュピール**]　　ゲーム
st-	[ʃt]	Stuhl　[ʃtuːl **シュトゥール**]　椅子
sch	[ʃ]	Schule [ʃúːlə **シューレ**]　　学校

ch	a, o, u, au のうしろで	[x]	Nacht [naxt **ナハト**] 夜　　Koch [kɔx **コホ**]　　コック
			Buch [buːx **ブーフ**] 本　　Bauch [baʊx **バオホ**] 腹
	それ以外で	[ç]	Milch [milç **ミルヒ**] ミルク

　　✓ ただし地名・人名・外来語（ギリシャ語）：Chaos [káːɔs **カーオス**] カオス

　　✓ その他外来語：Chef [ʃɛf **シェフ**] 上司　　Chat [tʃɛt **チェット**] チャット

| **chs** | [ks] | Fuchs [fʊks **フクス**]　　　キツネ |

-b	[p]	Klub　 [klʊp **クルップ**]　　クラブ
-d	[t]	Abend　[áːbənt **アーベント**]　晩
-g	[k]	Tag　 [taːk **ターク**]　　　昼

| **-ig** | [ɪç] | König　[kǿːnɪç **ケーニヒ**]　王様 |
| | | ✓ ただし –lich が続くと：königlich [kǿːnɪklɪç **ケーニクリヒ**]　王の |

j	[j]	Japan	[jáːpan ヤーパン]	日本
v	[f]	Vogel	[fóːgəl フォーゲル]	鳥

✓ ただし外来語：Universität [univɛrzitéːt ウニヴェルズィテート] 大学

w	[v]	Welt	[vɛlt ヴェルト]	世界
x	[ks]	Text	[tɛkst テクスト]	テキスト
z	[ts]	Zeit	[tsaɪt ツァイト]	時間

ck	[k]	Blick	[blɪk ブリック]	視線
dt	[t]	Stadt	[ʃtat シュタット]	町
ng	[ŋ]	Angst	[aŋst アングスト]	不安
pf	[pf]	Apfel	[ápfəl アップフェル]	リンゴ
ph	[f]	Phase	[fáːzə ファーゼ]	段階
qu	[kv]	Quelle	[kvélə クヴェレ]	泉
rh	[r]	Rhein	[rain ライン]	ライン川
th	[t]	Thema	[téːma テーマ]	テーマ
tsch	[tʃ]	Deutsch	[dɔʏtʃ ドイチュ]	ドイツ語
tz	[ts]	Katze	[kátsə カッツェ]	猫

★ [ər], [r] の母音化

[ɐ] は曖昧母音の一つで [ə] よりも [a] に近い音。軽く「ア」と発音する。辞書では [ər], [r] と表記することも。

🔊 **3　r の母音化**

5

-er, -r [ɐ, ɐ̯]　❖語末（音節末）でアクセントがない場合

-er		Kellner	[kélnɐ ケルナー]	ウェイター
-er ＋子音		Eltern	[éltɐn エルターン]	両親

✓ ただし母音が続くと：Kellnerin [kélnərɪn ケルネリン] ウェイトレス

長母音＋r		Tür	[tyːɐ̯ テューア]	ドア
長母音＋r ＋子音		Fahrt	[faːɐ̯t ファーアト]	ドライブ

✓ ただし母音が続くと：Türen [týːrən テューレン] ドア（複数）

✓ **短母音＋r**では揺れが見られる：Form [fɔrm フォルム / fɔɐ̯m フォアム] 形

4　発音練習　巻末付録①②③の音声を聞いて発音練習をしなさい。

付録① ▶ ドイツ語の数 (75頁)

付録② ▶ ドイツ語の時間・曜日・月・季節 (76頁)

付録③ ▶ ドイツ語の日常表現 (77頁)

Julian： Anna, was trinkst du gern?

Anna： Ich trinke gern Kaffee.

Morgens trinke ich immer Kaffee.

Und du, Julian?

Trinkst du morgens auch Kaffee?

Julian： Nein, morgens trinke ich immer Tee.

トピック・ドイツ　～ドイツの食文化～

　昼食に温かい料理を家族とゆっくり食べ，夕食には簡素な，火を使わない冷たい料理をとるのがドイツの伝統的な習慣だった。しかしながら，都市部を中心に生活スタイルが変化した現在では，日本と同じように，食事の中心は夕食に移りつつある。

　朝は，バターやジャムを塗ったパンに，コーヒーか紅茶などの飲み物だけ，という質素な食事がふつう。これにハムやソーセージ，ヨーグルト，ゆで卵などが付く場合もある。

　ところで，ホテルなどでコンチネンタル・ブレックファストという呼び方を聞いたことがあるだろうか。これは，イングリッシュ・ブレックファストまたはアメリカン・ブレックファストに対し，大陸で一般的な簡素な食事を指して用いられる。味気ない朝食を連想するかもしれないが，焼き立てのパンに時間をかけてバターを塗り，しっかりと味わう朝食は実際には奥が深い。

朝食のテーブル

家庭料理いろいろ

ウィーン風の子牛を使ったものが有名だが，豚肉や鶏肉も一般的。奥に見えるのはポテトサラダ。

Schnitzel 〈カツレツ〉

ほかにローストポークもよく食べられる。ちなみに添えられているのは南ドイツで有名なジャガイモ団子(Kloß)。

Rinderbraten 〈ローストビーフ〉

動詞の人称変化

◀)) §1 人称代名詞
7

● ドイツ語には人称と数に応じて次の**人称代名詞**がある。

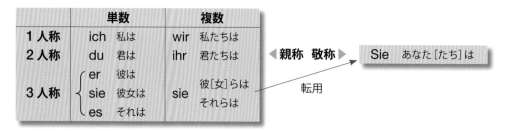

	単数		複数	
1人称	ich	私は	wir	私たちは
2人称	du	君は	ihr	君たちは
3人称	er	彼は		
	sie	彼女は	sie	彼[女]らは それらは
	es	それは		

◀親称　敬称▶　Sie　あなた［たち］は

転用

● 2人称には2種類の人称代名詞がある。家族・友人・学生どうしなどの親しい間柄では du, ihr（＝**親称**）を，初対面の大人どうしの場合など，特に親しい間柄でない場合は Sie（＝**敬称**）を用いる。
● 敬称 Sie は3人称複数の sie を転用したもの。常に大文字で書き始める。

◀)) §2 動詞の現在人称変化
8
☞ 練習1（4頁）

● ドイツ語の動詞は主語の人称・数に応じて形を変える。これを動詞の**人称変化**と呼ぶ。

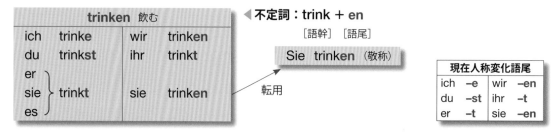

trinken 飲む			
ich	trinke	wir	trinken
du	trinkst	ihr	trinkt
er			
sie	trinkt	sie	trinken
es			

◀不定詞：trink ＋ en

［語幹］［語尾］

Sie　trinken （敬称）

転用

現在人称変化語尾

ich	–e	wir	–en
du	–st	ihr	–t
er	–t	sie	–en

● 主語が決まっておらず，従ってその形が定まっていない動詞のことを，**不定形の動詞**（＝**不定詞**）と呼ぶ。ドイツ語の不定詞はふつう –en で終わる（補足 ☞6頁）。
● 一方，主語が決まり，それに応じて形も定まった動詞のことを**定形の動詞**（＝**定動詞**）と呼ぶ。

◀)) §3 ドイツ語の文：不定詞句・平叙文・疑問文
9
☞ 練習2，3（4頁）

● 不定詞を他の語句と組み合わせて句の形にしたものを**不定詞句**と呼ぶ。不定詞句では動詞が末尾に置かれる。日本語と似た語順になる。

【不定詞句】

Kaffee **trinken**　コーヒーを飲む

morgens immer Kaffee **trinken**　朝いつもコーヒーを飲む

morgens　朝に

● ドイツ語の**平叙文**では常に定動詞を2番目に置く（＝**定動詞第2位**）。次のように，「語句を日本語と同じ順序で並べ，最後に来る動詞を主語に合わせ定形にし，2番目に置く」と考えるとよい。

【平叙文】

アンナは ＿＿＿＿ 好んで コーヒーを 飲む （コーヒーが好きだ）
Anna ＿＿＿＿ gern Kaffee *trinken*

Anna | **trinkt** ❷ | gern Kaffee .

gern 好んで
★日本語で「…が好き」というところを，ドイツ語ではしばしば「好んで…する」と表現する。

朝 ＿＿＿＿ アンナは いつも コーヒーを 飲む
morgens ＿＿＿＿ Anna immer Kaffee *trinken*

Morgens | **trinkt** ❷ | Anna immer Kaffee .

主語はここ

✓ ドイツ語では「主語＋動詞」の順番になるとは限らない。

● ja〈はい〉か nein〈いいえ〉かを尋ねる**決定疑問文**は，定動詞を文頭に置いて作る。疑問詞を用いる**補足疑問文**では，疑問詞を文頭に置き，その次に定動詞を置く。

【疑問文】

Trinkst ❶ | du morgens Kaffee ？ 君は朝コーヒーを飲みますか。

— Ja, meistens. / Nein, nie. はい，たいてい。/ いいえ，まったく。

Was ❶ | **trinkst** ❷ | du gern ？ 飲み物は何が好きですか（←君は何を好んで飲みますか）。

— Ich trinke gern Tee. 紅茶が好きです。

🔊 **§4 sein**（英*be*）**，haben**（英*have*）**，werden**（英*become*）   ☞ 練習4（5頁）
10

● これら3つの動詞は不規則変化だが，よく用いられる重要な動詞。

sein …である				**haben** 持っている				**werden** …になる			
ich	bin	wir	sind	ich	habe	wir	haben	ich	werde	wir	werden
du	bist	ihr	seid	du	hast	ihr	habt	du	wirst	ihr	werdet*
er	ist	sie	sind	er	hat	sie	haben	er	wird	sie	werden

*口調上のe（☞6頁）

✓ 3人称単数はerで代表させる。
✓ 敬称Sieの人称変化は3人称複数sieと同じ。

Studentin [シュトゥデンティン]（女性の）学生
★男性の学生はStudentという。ドイツ語では人を指す名詞の多くに男性形と女性形がある。
★職業名など身分を表す場合，名詞に冠詞は付けない。

Anna **ist** Studentin.   アンナは学生だ。

まとめ ☞ 練習5（5頁）

1 動詞の現在人称変化表を完成させなさい。なお，末尾の Sie は敬称の Sie。

kochen 意味 _____	
ich _____	wir _____
du _____	ihr _____
er sie _____ es	sie _____
Sie _____	

2 （　）内の動詞を現在人称変化させて下線部に入れなさい。

(1) _____ du gern Musik? (hören)

　　－ Ja, ich _____ sehr gern Musik. (hören)

(2) Anna und Julian _____ gut. (kochen)

(3) Frau Hoffmann _____ heute Tennis. (spielen)

(4) Jetzt _____ wir Deutsch. (lernen)

> gut 上手に
> Frau ... （女性に対して）…
> 　さん（英 *Ms*）
> ★未婚・既婚は無関係。男性
> 　には Herr ... を使う。
> ★ドイツ語で未来のことを表現
> 　する場合，ふつう現在形をそ
> 　のまま使う。
> jetzt 今（から）

3 次のやり取りを参考に，自分自身のことについて答えなさい。

> Wie heißen Sie? – Ich heiße *Anna Hoffmann*.
>
> Woher kommen Sie? – Ich komme aus *Berlin*.
>
> Was studieren Sie? – Ich sutdiere *Jura*.

> heißen [ハイセン] …という
> 　名前である
> woher どこから
> ★Ich komme aus ... 〈私 は
> 　…の出身だ〉は出身地を言う
> 　ときの決まり文句。
> ★専攻名
> 　Germanistik ドイツ語学文学
> 　Geschichte 歴史
> 　Pädagogik 教育学
> 　Medizin 医学
> 　Chemie 化学
> 　Biologie 生物学
> 　...

(1) Wie heißen Sie?

　　_____

(2) Woher kommen Sie?

　　_____

(3) Was studieren Sie?

　　_____

4 動詞sein およびhaben の現在人称変化表を完成させ，続く例文の下線部にいずれか
の動詞の適切な形を入れなさい。

sein …である	
ich _____	wir _____
du _____	ihr _____
er sie es _____	sie _____
	Sie _____

haben 持っている	
ich _____	wir _____
du _____	ihr _____
er sie es _____	sie _____
	Sie _____

(1) _____ du müde? – Ja, ich _____ heute sehr müde.

(2) _____ Sie jetzt Zeit? – Ja, ich _____ jetzt Zeit. Warum?

5 与えられた語句を参考にドイツ語文を作りなさい。語句は適切な形に変化させること。
なお，動詞以外の語順は変える必要がない点に注意。

(1) 私はケーキが大好きだ（→とても好んでケーキを食べる）。
ich / sehr / gern / Kuchen / *essen* / .

_____

(2) 君はドイツ語の勉強が好きですか（→好んでドイツ語を勉強しますか）。
du / gern / Deutsch / *lernen* / ?

_____

トピック・ヨーロッパ　〜ヨーロッパの地形〜

　ヨーロッパの地図を思い浮かべることができるだろうか。ヨーロ
ッパは，ユーラシア大陸の西部に位置し，西は大西洋，北は北極
海，そして南は地中海に面している。ヨーロッパとアジアを分け
るのはウラル山脈だ。そこから西がヨーロッパということになる。
大西洋上にはグレートブリテン島，アイルランド島，アイスランド
島がある。さらに地中海にも多くの島々が浮かぶ。

　ヨーロッパの地形を，北部・中央部・南部に分けて想像してみよ
う。スカンディナビア山脈に代表される北部。氷河にけずられてで
きた湖や湾が印象的だ。一方フランスやドイツが位置する中央部に
はなだらかな平原が広がる。ただし，ドイツの南方にはアルプス山
脈が走る。4000m級の山々がそびえるヨーロッパの南部だ。

　ヨーロッパには国際河川も多い。ドイツの代表的な河川であるライン川とドナウ川は複数の国にまたがって
流れ，条約を結んでいる国であれば自由に航行することができる。

ヨーロッパの地形

1 人称変化のバリエーション

- 語幹が –t, –d などで終わる場合，du, er, ihr で**口調上の e** を入れる。
- 語幹が –s, –ß, –z など（[s], [ts] の音）で終わる場合，**du で –t のみ**を付ける。

arbeiten 働く			
ich	arbeite	wir	arbeiten
du	**arbeitest**	ihr	**arbeitet**
er	**arbeitet**	sie	arbeiten

heißen …という名前である			
ich	heiße	wir	heißen
du	**heißt**	ihr	heißt
er	heißt	sie	heißen

2 –eln/–ern タイプの動詞

- 不定形が –en ではなく，–n で終わる動詞もある。これらのうち –eln で終わる動詞では，ich で e が省かれる。また，–ern で終わる動詞でも，口語で e が省かれる場合がある。

sammeln 集める			
ich	**sammle**	wir	sammeln
du	sammelst	ihr	sammelt
er	sammelt	sie	sammeln

bedauern 後悔する			
ich	**bedau[e]re**	wir	bedauern
du	bedauerst	ihr	bedauert
er	bedauert	sie	bedauern

✓ samm[e]le のように最初の e を省く。ただし
口語では ich sammel という形も用いられる。

bedauern [ベダオアーン]
★アクセントのない前つづり
（☞ ii 頁）。

3 否定文

- 単純な**否定文**は，原則として nicht を文末に置いて作る（関連説明 ☞ 30 頁，42 頁）。

Julian kommt heute **nicht**. ユーリアンは今日来ない。

ヒト・クニ・コトバ　　～見えない自分?～

今は武蔵の国になりぬ。
菅原孝標女 の「見え」?!

　ヨーロッパの言語の勉強を始めると，最初に3つの人称を学ぶ。1人称（＝話し手），2人称（＝聞き手），3人称（＝それ以外）の3つだ。実際のところ，ヨーロッパの言語では「私」，「あなた」という1人称代名詞・2人称代名詞が度々登場する。ところが，日本語では「私」，「あなた」はそれ程頻繁には登場しない。なぜだろう──授業でそう尋ねると，「省略」という答えが返ってくることがある。日本語では「私」が省略されていると。本当にそうだろうか。次の例を見てみよう。
　今は武蔵の国になりぬ。
　Jetzt waren wir in der Provinz Musashi.（今や私たちは武蔵の国にいた。）
　『更級日記』からの引用だ。ドイツ語訳も並べてみた。なるほど，ドイツ語訳では wir〈私たち〉という1人称代名詞（複数）が使われている。一方，日本語の方はどうだろうか。旅をしている語り手──菅原孝標女と呼ばれている女性──の目に入った風景，つまり彼女の「見え」がそのまま描かれている。自分の「見え」の中に自分自身はいないから，表現の中にも自分を指す言葉は出てこない。つまり，この場合「省略」ではなく，最初からない（いない）というわけだ。ではドイツ語の方は一体どうなっているのだろうか。その話はまた次回。

Lektion 2

Der Baum ist sehr groß.
その木はとても大きい

🔊
11

Aya :　Der Baum ist sehr groß.

Tim :　Ja, und er ist bestimmt sehr alt.

Aya :　Aber die Kirche ist modern.

　　　　Ist sie neu?

Tim :　Nein, sie ist auch sehr alt.

トピック・ドイツ　〜ドイツの歴史と宗教〜

　ドイツの国名は英語でGermanyだが，これはかつてヨーロッパ北部に居住していたゲルマン人の名に由来する。ドイツでは長い間神聖ローマ帝国の時代が続き，その間に，有力な諸侯がいくつもの国に分かれて地域を治める分立体制が確立した。現在のドイツの正式名称はドイツ連邦共和国 (Bundesrepublik Deutschland)。16の連邦州から成る連邦制に，かつての地方分権の伝統が引き継がれている。

　神聖ローマ帝国時代にキリスト教が広まって以降，ドイツは長らくカトリックの国だった。しかし，16世紀，当時のローマ・カトリック教会の方針に抗議（プロテスト）の声が上がり，ルターを中心として新しい宗派の設立が進んだ。宗教改革だ。その後，長い時を経て，両派は共存の道を歩むことになる。

ドイツの首都ベルリン

　現在でもドイツ人の多くはキリスト教信者だが，北部にはプロテスタントが多く，南部にはカトリック信者が多いといった地域差も見られる。それに応じて州独自の休日があるのもドイツの特徴だ。

🔍 ドイツの都市，北と南

かつてのハンザ都市。ドイツ北部エルベ河畔に位置し，ドイツ最大の港を持つ。魚市場も有名。

Hamburg 〈ハンブルク〉

ドイツ南部に広がるバイエルン州最大の都市であり州都。ビール祭りが有名。写真は仕掛け時計のある新市庁舎。

München 〈ミュンヘン〉

名詞の性・数・格

🔊 §1 名詞の性
☞ 練習1（10頁）

12

● ドイツ語の名詞は，男性・女性・中性いずれかの文法上の**性**を持つ。名詞の性に応じて，定冠詞・不定冠詞の形が異なる。

	男性名詞	女性名詞	中性名詞
定冠詞（英 *the*）	**der** Baum 木	**die** Blume 花	**das** Buch 本
不定冠詞（英 *a, an*）	**ein** Baum	**eine** Blume	**ein** Buch
	▼	▼	▼
代名詞〈それ〉	**er**	**sie**	**es**

● 名詞を受けて用いられる代名詞も，名詞の性に応じて使い分けられる。

Der Baum ist sehr groß. Und **er** ist auch sehr alt.

その木はとても大きい。そしてそれはまたとても古い。

> **und** そして
>
> ★ und のように語や文を並列的に結びつける接続詞を**並列接続詞**と呼ぶ。並列接続詞は語順（動詞の位置）に影響を与えない。

🔊 §2 名詞の複数形
☞ 練習2, 3（10頁）

13

● ドイツ語の**複数形**には次の5つのタイプがある。一部ウムラウトするものもある。

	単数形		複数形	
無語尾式	Teller	—	Teller	皿
（ウムラウト）	Apfel	—	**Äpfel**	リンゴ
−e 式	Hund	—	**Hunde**	犬
（ウムラウト）	Baum	—	**Bäume**	木
−er 式	Kind	—	**Kinder**	子供
（ウムラウト）	Buch	—	**Bücher**	本
−[e]n 式	Blume	—	**Blumen**	花
	Frau	—	**Frauen**	女性
−s 式	Café	—	**Cafés**	喫茶店

✓ 主に外来語

> ★ **名詞の性**の多くは必然性がない。初めのうちは一つずつ覚えていくしかない。実際にはいくつかの手がかりもあるが，基本的な語ほど予測が難しい。
>
> ★ **名詞の複数形**も同じで，タイプを厳密に予測するのは難しい。基本語彙を学びながら感覚を磨いていくとよい。

Dort steht **ein Baum**. あそこに1本の木が立っている。

Dort stehen **zwei Bäume**. あそこに2本の木が立っている。

> ★ ドイツ語の数（☞75頁）
>
> | 1 | eins | 6 | sechs |
> |---|---|---|---|
> | 2 | zwei | 7 | sieben |
> | 3 | drei | 8 | acht |
> | 4 | vier | 9 | neun |
> | 5 | fünf | 10 | zehn |

🔊 §3 名詞の格変化
14
☞ 練習4 (10, 11頁)

●文中における名詞句の役割を**格**と呼ぶ。ドイツ語には，1格・2格・3格・4格と呼ばれる4つの格があり，名詞が主に冠詞とともに**格変化**することによって文中での役割を示す。

	男性		女性		中性		複数			意味はおおむね
1格	der	Hund 犬	die	Katze 猫	das	Buch 本	die	Hunde 犬	▶	…が
2格	des	Hund[e]s	der	Katze	des	Buch[e]s	der	Hunde	▶	…の
3格	dem	Hund	der	Katze	dem	Buch	den	Hunden	▶	…に
4格	den	Hund	die	Katze	das	Buch	die	Hunde	▶	…を

	男性		女性		中性		複数			
1格	ein	Hund	eine	Katze	ein	Buch	—	Hunde	▶	…が
2格	eines	Hund[e]s	einer	Katze	eines	Buch[e]s	—	Hunde	▶	…の
3格	einem	Hund	einer	Katze	einem	Buch	—	Hunden	▶	…に
4格	einen	Hund	eine	Katze	ein	Buch	—	Hunde	▶	…を

✓ 男性・中性の2格で名詞に **−s** または **−es** が付く (☞使い分け 12頁)。
✓ 複数の格変化は名詞の性に関係がない。また不定冠詞に複数の形はない。
✓ 複数の3格で名詞に **−n** が付く。ただし複数形がすでに −n で終わっている場合や −s で終わっている場合には何も付けない (右の表)。

複数		複数	
die	Blumen	die	Cafés
der	Blumen	der	Cafés
den	Blumen	den	Cafés
die	Blumen	die	Cafés

🔊 §4 格の用法
15
☞ 練習5 (11頁)

●**1格**は主語として用いられる (…は／が)。**2格**は名詞の後ろに置かれ，名詞を修飾する (…の)。**3格**・**4格**は目的語として用いられる (…に・…を)。

【1格】　**Die Katze** heißt Mia. その猫はミーアという名前だ。

【2格】　Der Name **der Katze** ist Mia. その猫の名前はミーアだ。

   ✓ ただし人名は男性・女性に関係なく −s を付けた形で名詞の前に置く。
    Annas Katze　アンナの猫

Mädchen　⊕ 女の子
★接尾辞 −chen は「小さな，かわいらしい」を意味する。常に中性名詞になる。

schenken　(…3に…4を) 贈る

【3・4格】Tim schenkt **dem Mädchen ein Buch.**
    ティムは その女の子に 1冊の本を 贈る。

●なお，**A ist B**〈AはBだ〉という場合，AもBも1格の形になる。

Das ist ein Kirschbaum. これは桜の木だ。

Kirschbaum　⊛ 桜の木
(Kirsche + Baum)
★ドイツ語は複合語が多い。複合語では後ろに来る名詞が性を決める。Baum が男性なので Kirschbaum も男性。

まとめ ☞ 練習6 (11頁)

1 名詞の性に応じて下線部に適切な定冠詞der（男性），die（女性），das（中性）を入れなさい。

_____ Hund	犬	_____ Mädchen	女の子	_____ Glas	グラス
_____ Katze	猫	_____ Sonne	太陽	_____ Tasse	カップ
_____ Junge	男の子	_____ Mond	月	_____ Tisch	テーブル

> ★–eで終わる名詞には女性名詞が多い。ただし例外も（*der* Jungeなど）。

2 例にならって，次の名詞の複数形をタイプ別に表に書き入れなさい。定冠詞も付けること。なお，複数形の定冠詞は常にdieとなる。

Auto 自動車
Glas グラス
~~Kuchen~~ ケーキ
Tasse カップ
Tisch テーブル

無語尾式	*der* **Kuchen** — *die* **Kuchen**
–e式	
–er式	
–[e]n式	
–s式	

3 下線部の名詞を指示に従って複数形にし，全文を書き換えなさい。動詞の形に注意すること。

> ★ドイツ語には英語の現在進行形に相当する形式はない。「…している」は現在形を用いればよい。

(1) Da spielt ein Hund.

→ _____

（そこで3匹の犬が遊んでいる。）

> ★liegenはそれだけで「…している」という状態を表す動詞。

(2) Da liegt eine Katze.

→ _____

（そこで2匹の猫が寝そべっている。）

4 定冠詞と不定冠詞の格変化表を完成させなさい。

【定冠詞】（英 *the*）

	男 男の人	女 女の人	中 子供	複 子供たち
1格（…が）	_____ Mann	_____ Frau	_____ Kind	_____ Kinder
2格（…の）	_____ Mann**es**	_____ Frau	_____ Kind**es**	_____ Kinder
3格（…に）	_____ Mann	_____ Frau	_____ Kind	_____ Kinder**n**
4格（…を）	_____ Mann	_____ Frau	_____ Kind	_____ Kinder

【不定冠詞】(英 *a, an*)

	男 男の人	女 女の人	中 子供	複 子供たち
1格(…が)	_____ Mann	_____ Frau	_____ Kind	– Kinder
2格(…の)	_____ Man**nes**	_____ Frau	_____ Kin**des**	– Kinder
3格(…に)	_____ Mann	_____ Frau	_____ Kind	– Kinder**n**
4格(…を)	_____ Mann	_____ Frau	_____ Kind	– Kinder

5 下線部に適切な形の定冠詞または不定冠詞を入れなさい。

(1) Wir lieben _____ Natur.
私たちは自然を(定冠詞)愛している。

> Freundin 女 (女性の)友達
> ★男性の友達はFreundという。

(2) Stefanie schreibt _____ Freundin _____ E-Mail.
シュテファニーは友達に(定冠詞) 1通のメールを(不定冠詞) 書く。

6 与えられた語句を参考にドイツ語文を作りなさい。*d..* は定冠詞を, *e..* は不定冠詞を使うことを示す。

(1) コーヒーはまだ温かい。
d.. Kaffee / noch / warm / *sein* / .

_____

(2) その本はその女子学生のものです(→女子学生に属する)。
d.. Buch (1格で) / *d..* Studentin (3格で) / *gehören* / .

> gehören (…¹が…³に)属する,
> (…¹は…³の)ものである

_____

トピック・ヨーロッパ ～ヨーロッパの気候～

ドイツは寒い, と多くの日本人が思っているのではないか。日本とヨーロッパの緯度を比べてみると, おおむね北海道がイタリアの北部に相当する。ドイツはさらにその北だ。ただし, ヨーロッパ西岸部の気候は, 暖流である北大西洋海流と, 1年を通して吹く偏西風の影響で, 夏は涼しく, 冬は緯度の割には温暖だ(とは言えもちろん日本より寒い)。地理を勉強した人は西岸海洋性気候という名称が思い浮かぶだろう。

一方, アルプス山脈より南側の地中海沿岸は, 年間を通して温暖な地中海性気候だ。降水量は少ないため, 乾燥に強いオリーブやオレンジが栽培されている。夏には多くのドイツ人が休暇を過ごしに訪れる。

ポーランド東部からさらに東は亜寒帯気候となり, 冬の寒さが厳しくなる。北極海沿岸はツンドラ気候で, 冬は雪と氷におおわれる。この辺りでは, 夏は太陽が沈まず, 真夜中でも暗くならない。いわゆる白夜だ。ちなみに冬はその逆で, 日中でも薄暗い日が続く。これを極夜と言う。

日本とヨーロッパの緯度

1 2格語尾 –s と –es

- どちらを使ってもよい場合が多いが，基本的には –s で，あとは発音のしやすさに応じて –es も使うと考えるとよい（例えば des Hund**es**）。

- 特に2音節以上の長い語では –s が用いられる傾向にある。

短い語：der Ball ▶ des Ball[e]**s** ボール　　　長い語：der Fußball ▶ des Fußball**s** サッカーボール

2 男性弱変化名詞

- 男性名詞の一部に，単数1格以外のすべての格で –en または –n の語尾が付くものがある。**男性弱変化名詞**と呼ばれる。

	単数		複数			単数		複数	
1格	der	Student 学生	die	Student**en**		der	Junge 少年	die	Jung**en**
2格	des	Student**en**	der	Student**en**		des	Jung**en**	der	Jung**en**
3格	dem	Student**en**	den	Student**en**		dem	Jung**en**	den	Jung**en**
4格	den	Student**en**	die	Student**en**		den	Jung**en**	die	Jung**en**

3 否定冠詞 kein

- 不特定の名詞を否定する場合は，**否定冠詞 kein** を用いる。変化は ein と同じ（関連説明 ☞26頁, 30頁）。

Ich habe **keine** Zeit. 私は時間がない。

ヒト・クニ・コトバ　　〜自分が見える？〜

　前回は，「今は武蔵の国になりぬ」という日本語が，ドイツ語では「今や私たちは武蔵の国にいた」のように訳されていることを紹介した。そしてまず，日本語で「私たち」という語が出てきていないことについて，語り手が見た風景の変化がそのまま描写されているのだということを確認した。

今は武蔵の国になりぬ
「自己中心的」な視点

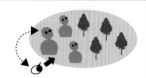

今や私たちは武蔵の国にいた。
「自己分裂的」な視点?!

　コンピューターゲームで，主人公の視点からシーンが描かれるものがある。それを想像すればいいだろう。ドイツ語でEgoperspektive〈自己の視点〉と呼ばれることがあるようだが，自己を中心とした視点から世界が描かれているわけだ。そこではシーンを見ている主人公自身の姿は見えない。もちろん腕の一部や持ち物は見えるが。

　さて，そうすると，ドイツ語では，本来見えないはずの自分が見えていることになる。奇妙なことだろうか。いや，そんなことはない。「私」を「私」として認識できるのは人間の重要な能力の1つだ。人は，自分を離れて，自由に視点を移動させることができる。つまり，自分を対象化して捉えることができる。日本語とドイツ語の表現の違いは，人間として可能な，2つの視点の取り方に基づいていたというわけだ。ではまた次回。

🔊
16

Wolfgang : Oma, im Juni fliege ich nach Japan.

Helga : Nach Japan?

Wolfgang : Ja, zu einem Freund.

Helga : Oh, schön. Tragen Japaner eigentlich immer einen Kimono?

トピック・ドイツ　〜ドイツ人の余暇・休暇〜

　かつてドイツには閉店に関する法律があり，日曜日や平日の夜は店を開けてはいけないことになっていた。現在では，州ごとに規定を定めることができるようになり，店の開店時間は流動的になった。

　しかしながら，今なお夜の8時から翌朝の6時までは閉店という原則に従っている地域も多く，そうでない地域でも，日曜と祝日は基本的に店は閉まっている。生活のメリハリという点では，ドイツは日本に比べて伝統的なあり方が残っていると言っていいだろう。

　ドイツでは目下，夏時間が導入されている（廃止の議論もある）。ドイツと日本の時差は通常8時間だが，3月の最終日曜日から10月の最終日曜日までは時計を1時間進める夏時間となり，時差も7時間となる。夏は10時過ぎまで明るく，仕事が終わったあとの夕べを戸外などでゆっくりと過ごす。また，数週間の休みを取ってどこかへ休暇へ出かけるというのは，ドイツではごく当たり前のことだ。

夏と言えばビアガーデン

● ●

🔍 週末

日曜に町に出かけても仕方がない（お店は閉まっている）。自然の中へハイキングに出かけよう。

Wanderung 〈ハイキング〉

週末は地元のクラブを応援するというのがドイツサッカーの原点。（注：ドイツでもサッカーが嫌いな人はいます。）

Fußball 〈サッカー〉

Grammatik

前置詞・接続詞

🔊 §1 前置詞の格支配
17

☞ 練習1（16頁）

●ドイツ語の前置詞は特定の格の名詞と結びつく（＝前置詞の**格支配**）。次のようなものがある。

2格支配*	**statt** …の代わりに　　**trotz** …にもかかわらず　　**während** …の間　　**wegen** …のために
3格支配	**aus** …の中から　　**bei** …（のところ）で；…の際に　　**mit** …と（いっしょに）；…を用いて **nach** …のあとで；…（の方）へ　　**von** …から；…の　　**zu** …（のところ）へ；（…の時）に
4格支配	**durch** …を通って　　**für** …のために；…の期間　　**gegen** …に対して　　**ohne** …なしで **um** …の周りで；…時に

*ここに挙げた2格支配の前置詞は，話し言葉では3格とともに用いられることも多い。

Maximilian kommt **aus dem Zimmer.**　マクシミーリアンは部屋から出てくる。
　　　　　　　　└─ 中性・3格　　　　✓ 意味を担うのは前置詞（「が・の・に・を」は関係ない）。

🔊 §2 3・4格支配の前置詞
18

☞ 練習2（16頁）

●用法に応じて3格または4格を支配する前置詞がある。いずれも空間関係を表す。

> **an** …の際　　**auf** …の上　　**hinter** …の後ろ　　**in** …の中　　**neben** …の隣
> **über** …の上の方　　**unter** …の下　　**vor** …の前　　**zwischen** …の間

●これらの前置詞は，ⓐ「どこそこへ」のように**方向を表す場合は4格**を，ⓑ「どこそこで」のように**場所を表す場合は3格**を支配する。

ⓐ Wolfgang hängt eine Uhr **an die Wand.**　　ヴォルフガングは時計を壁にかける。
　　　　　　　　　　└─ 女性・4格

ⓑ Die Uhr hängt jetzt **an der Wand.**　　時計は今壁にかかっている。
　　　　　　　　　└─ 女性・3格

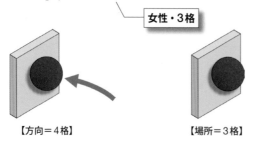

【方向＝4格】　　　　　【場所＝3格】

> **hängen** 掛ける；掛かっている

🔊 §3 前置詞と冠詞の融合形
19

☞ 練習3（16頁）

●いくつかの前置詞はふつう定冠詞と融合した形で用いられる。

am < an dem	**ans** < an das	**beim** < bei dem	**im** < in dem
ins < in das	**vom** < von dem	**zum** < zu dem	**zur** < zu der

Helga geht heute **ins** Kino. ヘルガは今日映画に行く。

✓ 対象を定冠詞で強く指示したい場合だけ，融合させずに使う。
Helga geht heute in **das** Kino. ヘルガは今日その映画館に行く。

§4 従属接続詞と副文

☞ 練習4（16頁）

20

● 語句や文を従属的に結びつける接続詞を**従属接続詞**と呼ぶ。次のようなものがある。

> **bevor** …する前に　**damit** …するために　**dass** …ということ　**ob** …かどうか
> **obwohl** …にもかかわらず　**während** …している間　**weil** なぜなら…だから　**wenn** もし…ならば

● ある文に対して従属的に結びついている文を**副文**と呼ぶ。一方，副文が従属している上位の文を**主文**と呼ぶ。主文と副文の間は必ずコンマで区切る。

● 従属接続詞によって導かれる副文では定動詞が文末に置かれる（＝**定動詞文末**）。

Helga denkt, | **dass** | Japaner immer einen Kimono | **tragen** | .

【主文】　　　　　　　　　【副文】

ヘルガは，日本人はいつも着物を着ていると思っている。

> Kimono [キ[ー]モノ]
> 男 着物，和服
> ★日本語からの外来語にも名詞の性がある。
> tragen 身につけている，着ている

● 副文が文頭に来る場合，副文の直後に主文の定動詞が置かれる（副文が文頭の位置を占めていると考える。全体として見ると定動詞はやはり2番目）。

Wenn | das Wetter schön | **ist** | , **spielen** wir morgen Fußball.

【副文】（文頭）　　　　　　　【主文】

天気が良ければ，私たちは明日サッカーをする。

§5 不規則動詞

☞ 練習5（17頁）

21

● 2・3人称単数で，語幹の母音（幹母音）を変える動詞がある。大きく a → ä のタイプと，e → i/ie のタイプがある。これらは**不規則動詞**（過去形や過去分詞が不規則なもの ☞巻末）の一部。

schlafen 眠っている		helfen 手伝う		sehen 見る	
ich schlafe	wir schlafen	ich helfe	wir helfen	ich sehe	wir sehen
du **schläfst**	ihr schlaft	du **hilfst**	ihr helft	du **siehst**	ihr seht
er **schläft**	sie schlafen	er **hilft**	sie helfen	er **sieht**	sie sehen

Auf dem Sofa **schläft** eine Katze. ソファの上で猫が一匹眠っている。

まとめ ☞ 練習6（17頁）

1 前置詞の格支配に注意しながら，下線部に適切な形の定冠詞を入れなさい。

(1) Nach _____ Frühstück lese ich immer Zeitung.

(2) Ein Hund geht durch _____ Tür.

(3) Die Kinder fahren heute mit _____ Zug nach Köln.

> ★Zeitung lesen〈新聞を読む〉
> は無冠詞で使うことが多い。

2 3格支配か4格支配かに注意しながら，下線部に適切な形の定冠詞を入れなさい。

(1) Frau Braun legt die Zeitung auf _____ Tisch.

(2) Die Zeitung liegt auf _____ Tisch.

3 下線部に（　）内の前置詞と適切な冠詞の融合形を入れなさい。

(1) Johanna sitzt _____ Fenster. (an)

(2) _____ Garten blühen Rosen. (in)

4 （　）内の文を副文または主文として下線部に入れなさい。

(1) (Es regnet morgen.)

   Glaubst du, dass _____?

(2) (Die Kinder spielen Fußball.)

   Obwohl es heftig regnet, _____.

(3) (Sie sind glücklich.)

   Prof. Schulz fragen die Studenten, ob _____.

> ◈ **esを主語とする表現**（esの各種用法 ☞54頁）
> Es regnet. 雨が降っている。
> Es ist kalt. 寒い。
> Es ist drei Uhr. 3時だ。(時間の表現 ☞76頁)

> regnen ▶ es *regnet* 雨が降る
> ★語幹が「l, r以外の子音＋m, n」で終わっている
>   場合も「口調上のe」(☞6頁) を入れる。
> heftig 激しく
> Prof. [プロフェッソア]〔男〕…教授（＝Professor）
> fragen（…4に）尋ねる
> ★fragenは4格目的語を取る。このように日独語間
>   で格の対応がずれている場合もあるので注意。

5 不規則動詞の現在人称変化表を完成させ，続く例文の下線部に（ ）内の動詞の適切な形を入れなさい。nehmenは一部子音字も変化するので注意すること。

fahren （乗り物で）行く		
ich _____	wir _____	
du _____	ihr _____	
er sie es _____	sie _____	
	Sie _____	

nehmen 取る		
ich _____	wir _____	
du _____	ihr _____	
er sie es _____	sie _____	
	Sie _____	

(1) Andreas _____ morgen mit Sarah nach München. (fahren)

Sarah [ザーラ]

(2) Sophia _____ eine Tasse aus dem Schrank. (nehmen)

6 与えられた語句を参考にドイツ語文を作りなさい。*の付いた動詞は現在人称変化に注意すること。

(1) 今日ユルゲンは朝食にハムと卵を食べる。

heute / Jürgen / *zu..*（定冠詞との融合形で）/ Frühstück / Schinken / und / *Ei*（複数で）/ *essen** / .

Heute _____

(2) バスが遅れているので私たちは遅刻する。

★ここでのzuは副詞で「あまりに…」の意。

wir / zu spät / *kommen* / , / weil / *d..* Bus / Verspätung / *haben** / .

Wir kommen zu spät, _____

トピック・ヨーロッパ　～ヨーロッパの歴史と宗教～

　世界史の教科書では，ヨーロッパの歴史はふつうギリシャやローマの古代文明から始まり，やがてキリスト教が登場する。約2000年前のことだ。次第にローマ帝国に広まったキリスト教は，ついにその国教となり，その後もヨーロッパに広く浸透していく。

　15世紀になると大航海時代が到来する。ヨーロッパ諸国は，インドやアジア，さらには南北アメリカへと進出していく。18世紀は産業革命の時代だ。手工業から機械工業へという流れに伴い，社会構造も大きく変化した。そして19世紀末になると，工業化が進んだヨーロッパの各国は植民地をめぐって対立，やがてそれは戦争へと発展していった。

　宗教に話を戻すと，キリスト教には大きく，カトリック，プロテスタント，正教会の3つの宗派がある。歴史的な背景により地域ごとの分布は異なり，イタリア，スペイン，フランスなどではカトリック，イギリス，北ヨーロッパなどではプロテスタント，ロシアやギリシャなどの東ヨーロッパでは正教会の信者が多い。

■ カトリック
■ 正教会
■ プロテスタント

ヨーロッパの宗教分布

1 前置詞のバリエーション

- 前置詞が副詞と用いられる場合もある。

  bis morgen 明日まで　　nach vorne 前へ

- 前置詞bis〈…まで〉は，しばしば他の前置詞とともに用いられる。

  bis zum Abend 晩まで　　**bis nach** Berlin ベルリンまで

- 一部の前置詞は後置して用いられることもある。

  gegenüber dem Bahnhof / dem Bahnhof **gegenüber** 駅の向かいに

2 接続詞のない副文

- denken〈考える，思う〉, glauben〈信じる，思う〉, sagen〈言う〉などの動詞は，従属接続詞のない定動詞第2位の文とともに用いられることもよくある。

  Gabriele sagt, sie **kommt** morgen zur Uni. ガブリエーレは明日大学に来ると言っている。
  参考 Gabriele sagt, **dass** sie morgen zur Uni **kommt**. （同上）

3 間接疑問文

- 疑問詞が文頭に置かれる**間接疑問文**も副文の一種。定動詞は文末に置かれる。

  Jonas fragt, **wann** Gabriele zur Uni **kommt**. ヨーナスはガブリエーレがいつ大学に来るのか尋ねる。

ヒト・クニ・コトバ　　〜人の目の中へ〜

　前回は，「自己を含む状況」を客観的に描写するという視点を紹介した。これは広くドイツ語を特徴づけている視点の取り方だ（もちろん傾向としての話）。今回はそれに対し，「自己を含まない状況」を主観的に描写するという場合を考えてみよう。まずはふつうの「客観的」な描写から。

Und nun öffnete er das Paket ... Er fand großartige Sachen darin ...
（そして彼は小包を開きました。彼はすばらしいものをその中に見つけました。）

　児童文学作家エーリヒ・ケストナーの『飛ぶ教室』の一節。登場人物のマルティンが両親からの小包を開ける場面だ。マルティンがどうしたのか，ということが中立的に描写されている（下線部）。では日本語訳を見てみよう。

マルチンは…小包をいまはじめて開きました。すばらしいものがはいっていました。

（Martinが「マルチン」と表記されているのはここでは考えないことにして）おもしろいことに，日本語では「彼は…見つけた」という部分が訳されていない。つまり主人公の「見え」がそのまま描写された格好になっている。日本語訳の語り手は，登場人物であるマルティンの目を通して（いわば目の中に入って）状況を描写しているということだ。ではまた次回。

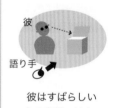

彼
語り手
彼はすばらしい
ものを見つけた。

彼＋語り手
すばらしいものが
はいっていた。

Lektion 4 : Sabine freut sich über das Geschenk.
ザビーネはプレゼントを喜んでいる

🔊 22

Makoto : Sabine, herzlichen Glückwunsch

zum Geburtstag!

Das ist für dich. Ein Teddybär.

Sabine : Oh, danke! Das ist lieb von dir.

Ich freue mich sehr über

das Geschenk.

トピック・ドイツ　～ドイツの手工業・農業～

　マイスター制度という言葉を聞いたことがあるだろうか。ドイツでは，大工，パン職人，ケーキ職人，食肉業者，理髪師など，手工業の職人になるには，マイスターと呼ばれる親方のもとで修業を積み，資格を取らなければならない。ただしドイツのマイスター制度も，近年は法改正が行われるなど，社会の変化に応じて変わりつつある。

　ドイツの食文化を支える農業だが，ドイツ中部から北部にかけての平原地帯では，いわゆる混合農業が盛んだ。小麦，ライ麦などの穀物類，テンサイ，ジャガイモなどの根菜類，牧草などの飼料作物の栽培とあわせて，牛や豚などの飼育が行

老舗のカフェに並ぶケーキ

われている。ライン河畔やモーゼル河畔ではブドウ栽培とワイン生産が有名だ。一方，南東部のミュンヘン周辺ではビールの生産が盛んで，原料となる大麦やホップが栽培されている。

🔍 お店いろいろ

Bäckerei〈パン屋〉

パン（Brot）はドイツでは重要な食べ物で何百種類もあると言われている。小型のものはBrötchenと呼ばれる。

Metzgerei〈肉屋〉

店先にハムやソーセージが並ぶ。その種類はやはり豊富だ。パンとの相性も抜群（もちろんビールとの相性も）。

人称代名詞・再帰代名詞・再帰動詞

🔊 §1 人称代名詞の格変化
23

☞ 練習1（22頁）

● 人称代名詞も格変化する。

	単数					複数			転用 あなた[たち]
	1人称	2人称	3人称			1人称	2人称	3人称	
1格	ich	du	er	sie	es	wir	ihr	sie	Sie
3格〈…に〉	mir	dir	ihm	ihr	ihm	uns	euch	ihnen	Ihnen
4格〈…を〉	mich	dich	ihn	sie	es	uns	euch	sie	Sie

✓ 現代ドイツ語では人称代名詞の2格が用いられることはまれ。

Sabine hat morgen Geburtstag. Ich schenke **ihr** eine Tasse.

ザビーネは明日誕生日だ。私は彼女にカップをプレゼントする。

Kaufst du den Computer? – Nein, ich kaufe **ihn** nicht.

君はそのコンピューターを買うの？ － いや，私はそれを買わない。

> **Computer [コンピューター]**
> 男 コンピューター
> ★物を受ける代名詞の4格も，名詞の性に応じてihn, sie, esとなる。

● 「前置詞＋人称代名詞」では，前置詞の格支配（☞第3課）に注意。

Monika hat einen Bruder. Sie geht **mit ihm** oft ins Kino.

モーニカには兄が一人いる。彼女は彼といっしょによく映画に行く。

● 事物を表す名詞を指す場合は，「前置詞＋代名詞」ではなく，「**da＋前置詞**」の形を用いる（前置詞が母音で始まる場合は「**dar＋前置詞**」の形になる）。

Dort sehen Sie eine Kirche. **Dahinter** ist das Rathaus. 【事物の場合】

あそこに教会が見えますね。その後ろに市役所があります。

> **類例** danach そのあとで　　darauf その上に　　darin その中に

🔊 §2 再帰代名詞 （英 oneself）
24

☞ 練習2（22頁）

● 1つの文の中で主語と同一の対象を指し示す場合，**再帰代名詞**を用いる。3人称でsichという特別な形になるほかは，通常の人称代名詞と同じ。

Leon sieht **sich** im Spiegel. レーオンは自分を鏡で見る。

	単数					複数			転用 あなた[たち]
	1人称	2人称	3人称			1人称	2人称	3人称	
1格	ich	du	er	sie	es	wir	ihr	sie	Sie
3格〈自分に〉	mir	dir	sich			uns	euch	sich	sich
4格〈自分を〉	mich	dich	sich			uns	euch	sich	sich

✓ 再帰代名詞はSieの場合も常に小文字で書く。

● 再帰代名詞は，辞書などでは sich で代表させる。sich⁴ のように格を示す場合もある。

不定詞句：**sich⁴ im Spiegel sehen** 自分を鏡で見る

🔊 §3 再帰動詞
25

☞ 練習 3（22頁）

● ドイツ語には，再帰代名詞と結びついて特定の意味を表す動詞が多くある。**再帰動詞**と呼ばれる。

sich⁴ freuen うれしい					
ich	freue	**mich**	wir	freuen	**uns**
du	freust	**dich**	ihr	freut	**euch**
er	freut	**sich**	sie	freuen	**sich**

転用 → Sie freuen sich（敬称）

● 再帰代名詞 sich はやはり主語に応じて形を変える。

● 再帰動詞とともに用いられる再帰代名詞は，不定詞句では前の方に置かれる。

不定詞句：**sich⁴ über das Geschenk freuen** プレゼントを喜ぶ

▶ Sabine **freut sich** über das Geschenk.
　ザビーネはプレゼントを喜んでいる。

> freuen （（**再帰**）） うれしい
> ★再帰動詞 sich⁴ freuen は結びつく前置詞によって少しずつ意味が異なる。
>
> sich⁴ über ＋ 4格 freuen
> 　…⁴ を喜ぶ
>
> sich⁴ auf ＋ 4格 freuen
> 　…⁴ を楽しみにしている
>
> ★再帰動詞と用いられる再帰代名詞は，多くの場合4格。

🔊 §4 代名詞の各種用法
26

☞ 練習 4（23頁）

● ドイツ語では，「自分に…する」という意味で再帰代名詞3格が使われることが多い。

Ich kaufe **mir** einen Fernseher. 　私は（自分に）テレビを買う。

● 人の身体部位に向けられた行為などを表す場合，ドイツ語ではふつう人全体を3格で表示する。この3格は身体部位の所有者にあたるため，**所有の3格**と呼ばれる。

> wäscht < waschen 洗う

Birgit wäscht **sich** die Haare. 　ビルギットは（自分の）髪を洗う（←自分に）。

Birgit wäscht **dem Kind** die Haare. 　ビルギットはその子の髪を洗う（←その子に）。

● 再帰代名詞は「お互いを（に）」という意味でも用いられる。**相互的用法**と呼ばれる。

Florian und Karin lieben **sich**. 　フローリアンとカーリンは愛し合っている。

まとめ ☞ 練習 5（23頁）

1 人称代名詞の格変化表を完成させ，続く例文の下線部に適切な形の人称代名詞を入れなさい。

	私	君	彼・それ	彼女・それ	それ	私たち	君たち	彼ら	あなた(たち)
1格	ich	du	er	sie	es	wir	ihr	sie	Sie
3格									
4格									

(1) Ich habe einen Freund in Frankfurt. Ich besuche _____ morgen.

(2) Die Hose ist zu teuer. Ich kaufe _____ nicht.

2 再帰代名詞の格変化表を完成させ，続く例文の下線部に適切な形の再帰代名詞を入れなさい。

	私	君	彼・それ	彼女・それ	それ	私たち	君たち	彼ら	あなた(たち)
1格	ich	du	er	sie	es	wir	ihr	sie	Sie
3格									
4格									

(1) Die Kinder waschen _____ morgens und abends.

(2) Marie stellt den Koffer neben _____.

> ★ 「体を洗う」はドイツ語ではふつう sich⁴ waschen〈自分を洗う〉と表現する。
>
> Marie [マリー]（女性名）

3 次の再帰動詞の現在人称変化表を完成させ，続く例文の下線部に適切な形の再帰動詞を入れなさい。再帰代名詞も主語に応じて変化させること。

*sich*⁴ **setzen** 意味 _____

ich _____ _____   wir _____ _____

du _____ _____   ihr _____ _____

er
sie _____ _____   sie _____ _____
es

Sie _____ _____

(1) Claudia _____ _____ auf den Stuhl. (*sich*⁴ setzen)

(2) _____ du _____ für Kunst? (*sich*⁴ interessieren)

4　ドイツ語特有の用法に注意しながら，下線部に適切な形の再帰代名詞を入れなさい。

(1)　Barbara bestellt _____ ein Bier.　　バルバラはビールを一杯注文する。

(2)　Tobias wäscht _____ im Bad die Hände.　トビーアスは浴室で手を洗う。

(3)　Wir verstehen _____ sehr gut.　　私たちはとてもよく理解し合っている。

5　与えられた語句を参考にドイツ語文を作りなさい。再帰代名詞の位置と変化に注意すること。

> erinnern [エアインナーン]
> ★-nで終わる動詞（☞6頁）。

(1)　君はまだその先生のことを覚えてる？

du / noch / an / d.. Lehrer / *sich⁴ erinnern* / ?

_____

(2)　子供たちはもう休みを楽しみにしている。

d.. Kinder / schon / auf d.. Ferien / *sich⁴ freuen* /.

_____

トピック・ヨーロッパ　～ヨーロッパの言語～

　ドイツ語は英語と似ていると言われる。ドイツ語も英語も「西ゲルマン語」に属する言語で，系統的には極めて近い。

　ヨーロッパの言語は，民族の分布との関係が深い。大雑把に，ゲルマン系，ロマンス系（ラテン系），スラブ系という区分が分かりやすいだろう。このうち，ゲルマン系はさらに西・北・東に分かれる。西ゲルマン語は，ドイツ語，オランダ語，英語など，北ゲルマン語は，デンマーク語，ノルウェー語，スウェーデン語など，東ゲルマン語は，今ではもう使われていないゴート語が代表的な言語だ。ロマンス系の言語は，ヨーロッパ南部に分布する。イタリア語，フランス語，スペイン語，ポルトガル語などが代表的だ。ヨーロッパ東部に行くと，ロシア語，ポーランド語，チェコ語など，スラブ系の言語になる。

　系統の異なる言語もある。フィンランド語，ハンガリー語などは，ヨーロッパで話されている言語ではあるが，上の言語とは別系統だ。これ以外にも，方言など，さまざまな変種が存在する。

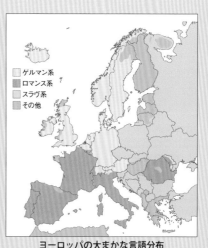

□ ゲルマン系
■ ロマンス系
□ スラヴ系
■ その他

ヨーロッパの大まかな言語分布

1 疑問詞

- 一般に疑問詞と呼ばれているものは，大きく**疑問副詞**と**疑問代名詞**に分けることができる。次のようなものがある。

  【疑問副詞】 wann いつ　wo どこで　warum なぜ　wie どのように　woher どこから　wohin どこへ

  【疑問代名詞】 wer 誰　was 何　✓疑問代名詞は格変化する（☞下記 **2**）。

2 各種代名詞の格変化

- 疑問代名詞・不定代名詞も格変化する。これらが主語になる場合，動詞は3人称単数の形を取る。

  【疑問代名詞】

1格	wer 誰	was 何
2格	wessen	wessen
3格	wem	―
4格	wen	was

  【不定代名詞】（不特定の対象を指す）

1格	man 人	jemand 誰か	etwas 何か
2格	(eines)	jemand[e]s	―
3格	einem	jemand[em]	etwas
4格	einen	jemand[en]	etwas

  Wer kommt noch?　誰がまだ来るの？　　　**Wen** suchst du?　誰を探しているの？

- 前置詞と疑問詞を組み合わせて用いることもある。疑問代名詞は前置詞に応じて格変化する。

  Bis **wann**?　いつまで？　　　Mit **wem**?　誰と？　　　Für **wen**?　誰のために？

- ただし，疑問の対象が事物の場合は「**wo＋前置詞**」（前置詞が母音で始まる場合は「**wor＋前置詞**」）を用いる。

  Womit?　何を使って？　　　**Wo**für?　何のために？　　　**Wor**auf?　何の上に？

3 語順：文中

- 一般に，代名詞や定冠詞を伴う名詞（＝古い情報）は前の方に，不定冠詞を伴う名詞（＝新しい情報）は後ろの方に置かれる。意味的に「重要なものほど後ろ」と考えてもよい。

  Sabine hat morgen Geburtstag. Ich schenke **ihr eine Tasse**.

  　ザビーネは明日誕生日だ。私は 彼女に カップを プレゼントする。

- 3格も4格も代名詞の場合，ふつう4格・3格の語順になる。

  Ich schenke **sie ihr**.　私はそれを 彼女にプレゼントする。

ヒト・クニ・コトバ　　　～誰もいない？～

　前回は，本来「自己を含まない状況」なのに，その状況の中に入り込んでしまって，その状況を主観的に描写するという視点を取り上げた。これは広く日本語を特徴づけている視点の取り方だ（これも傾向としての話）。では今度は，語り手に対して読み手の視点がどうなっているか考えてみよう。

　日本語の語り手は「主観的」な視点を取る傾向が強いわけだが，そうすると，読み手の方でも，相手の視点に歩み寄る必要が出てくる。実は私たち日本人はふだんそれを無意識に行っている。具体例で見てみよう。次は芭蕉の俳句。

「自己投入的」な読み

「客観的」な読み

この道や行く人なしに秋の暮
Diesen Weg / geht niemand / an diesem Herbstabend（この道を 行く人はいない この秋の暮に）

　日本語話者にとっては，芭蕉自身が「この道」を行く人であり，その芭蕉が目の前の道について語っているのだということはほとんど自明のことのように思われる。ところが，平均的なドイツ語話者にとって，このドイツ語訳は，ある任意の道の様子を描写したものとしか受け止められないらしい（右の図を参照）。ショッキングな話だ。ではまた次回。

🔊 27

Herr Müller : Ist das Ihr BMW, Frau Meyer?

Frau Meyer : Nein, der BMW gehört Frau Schneider.

Mir gehört der Audi dort.

Welches Auto fahren Sie,

Herr Müller?

Herr Müller : Ich habe kein Auto.

トピック・ドイツ　〜ドイツの交通事情〜

　ドイツはヨーロッパのほぼ中央に位置し，9か国と国境を接している。国境を越えた人々の移動も活発だ。旅行だけでなく，仕事や買い物などの日常生活でも人々の往来がある。

　ドイツ鉄道はDBと略される。日本の新幹線に相当するICE（インターシティエクスプレス）がドイツの主要都市を結んでいる。一方，ドイツ最大の航空会社はルフトハンザドイツ航空だ。フランクフルト国際空港を拠点とし，国内・国外の各都市を空路で結ぶ。

　道路では，アウトバーンと呼ばれる高速道路網が世界に先がけて1930年代から整備された。隣国の高速道路にも接続している。アウトバーンは，大型トラックを除き，原則として料金が無料であること，区間によっては制限時速がないことなどで知られる。ドイツではさらに河川交通も発達している。エルベ川，ヴェーザー川，ライン川，マイン川，ドナウ川などの主要河川を多数の運河がつないでいる。

マイン・ドナウ運河

🔍 **陸路・空路**

Bahnhof 〈駅〉

フランクフルト中央駅はヨーロッパ最大級のターミナル駅。中央に見えるのはICE。ドイツ最速の列車だ。

Flughafen 〈空港〉

フランクフルト国際空港は空路の中心。ルフトハンザの機体が並ぶ。ロゴのモチーフには鶴が使われている。

Grammatik

冠詞類

§1 冠詞類

● 名詞の前に置かれ，冠詞に準じた働きをする一連の語がある。**冠詞類**と呼ばれる。変化の種類に応じて，**定冠詞類**と**不定冠詞類**に分けられる。

冠詞類 {
- **定冠詞類**　　dies*er*〈この〉, welch*er*〈どの〉など　　▶ 定冠詞 der と似た変化
- **不定冠詞類** {
  - 所有冠詞　mein〈私の〉, dein〈君の〉など
  - 否定冠詞　kein〈1つも…ない〉
  } ▶ 不定冠詞 ein と似た変化
}

（定冠詞・不定冠詞 ☞ 第2課）

§2 定冠詞類の格変化

☞ 練習1, 2 (28頁)

28

● 定冠詞類には dies*er*〈この〉, welch*er*〈どの〉, solch*er*〈そのような〉; jed*er*〈各々の〉(単数のみ) などがある。定冠詞と似た変化をする。

	男性〈この犬〉	**女性**〈この猫〉	**中性**〈この子供〉	**複数**〈この人たち〉
1格	dies**er** Hund	dies**e** Katze	dies**es** Kind	dies**e** Leute
2格	dies**es** Hundes	dies**er** Katze	dies**es** Kindes	dies**er** Leute
3格	dies**em** Hund	dies**er** Katze	dies**em** Kind	dies**en** Leuten
4格	dies**en** Hund	dies**e** Katze	dies**es** Kind	dies**e** Leute

男性	女性	中性	複数
–er	–e	–es	–e
–es	–er	–es	–er
–em	–er	–em	–en
–en	–e	–es	–e

男性・1格
Dieser Koffer gehört mir.　　このスーツケースは私のだ。

Welches Auto fährt Herr Müller?　　ミュラーさんはどの車を運転していますか。
中性・4格

§3 不定冠詞類の格変化

☞ 練習3, 4 (28頁)

29

● 不定冠詞類には，所有を表す**所有冠詞**(次の表)と否定を表す**否定冠詞 kein**〈1つも…ない〉がある。不定冠詞と似た変化をする。

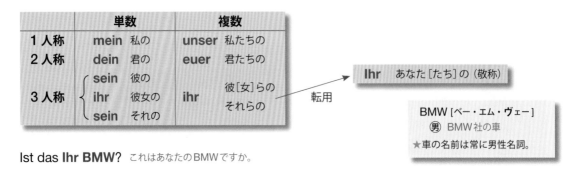

	単数		複数	
1人称	mein	私の	unser	私たちの
2人称	dein	君の	euer	君たちの
3人称	sein	彼の		
	ihr	彼女の	ihr	彼[女]らの / それらの
	sein	それの		

Ihr　あなた[たち]の (敬称)　← 転用

BMW [ベー・エム・ヴェー]
(男) BMW社の車
★車の名前は常に男性名詞。

Ist das Ihr BMW?　これはあなたのBMWですか。

	男性〈私の兄（弟）〉		女性〈君の姉（妹）〉		中性〈彼の本〉		複数〈彼女の両親〉	
1 格	mein	Bruder	deine	Schwester	sein	Buch	ihre	Eltern
2 格	meines	Bruders	deiner	Schwester	seines	Buch[e]s	ihrer	Eltern
3 格	meinem	Bruder	deiner	Schwester	seinem	Buch	ihren	Eltern
4 格	meinen	Bruder	deine	Schwester	sein	Buch	ihre	Eltern

女性・3格

Christian schenkt **seiner Freundin** eine Uhr.

クリスティアンはガールフレンドに時計をプレゼントする。

Herr Müller hat **kein Auto**. ミュラーさんは車を持っていない。

中性・4格

男性	女性	中性	複数
−	–e	−	–e
–es	–er	–es	–er
–em	–er	–em	–en
–en	–e	–en	–e

★ meine Freundin, mein Freund などの表現は，異性が使うと特定のガールフレンド，ボーイフレンドを指す。

§4　命令・依頼・提案などの表現

☞ 練習5（29頁）

30

●「…して，…してください」と命令・依頼する場合，次の形式を用いる。

		kommen 来る
du に対して	▶ –[e]!	Komm!
ihr に対して	▶ –t!	Kommt!
Sie に対して	▶ –en Sie!	Kommen Sie!

✓ du に対する –[e] は口語では付けない方がふつう。

Kommen Sie bitte nach vorne! 前の方に来てください。

bitte （命令文で）どうぞ，どうか
★ふつう文頭か文中に置く。場合によっては文末も可。
★命令文の文末には感嘆符（!）を付けることも多いが，ピリオドで終わってもよい。

●現在人称変化で口調上のeを入れる動詞（☞6頁）は，命令形でも–eを入れる。

●2・3人称単数で幹母音eをi/ieに変える動詞（☞15頁）は，duに対する命令形でもeをi/ieに変える。ただし –eは付けない。

	arbeiten 働く	helfen 手伝う	sein …である
du に対して	Arbeite!	Hilf!	Sei ...!
ihr に対して	Arbeitet!	Helft!	Seid ...!
Sie に対して	Arbeiten Sie!	Helfen Sie!	Seien Sie ...!

●seinの命令形は特別な形になる。

Sei bitte still! 静かにして。

●「…しよう」という提案の表現は，主語をwirにして動詞を文頭に置く。ただし，実際にはイントネーションが上り調子になる疑問文の形が使われることも多い（補足 ☞30頁）。

Gehen wir! 行こう！　　Gehen wir? 行こうか？

まとめ ☞ 練習6（29頁）

1 格変化表を完成させなさい。

【定冠詞類】

	男 この男性	女 どの女性	中 それぞれの本	複 そのような人々
1格	dieser Mann	welche Frau	jedes Buch	solche Leute
2格	_____ Mannes	_____ Frau	_____ Buches	_____ Leute
3格	_____ Mann	_____ Frau	_____ Buch	_____ Leuten
4格	_____ Mann	_____ Frau	_____ Buch	_____ Leute

2 （　　）内の定冠詞類を適切な形に変化させて下線部に入れなさい。

(1) Ich benutze meistens _____ Bus. (*dies..*)

(2) _____ Farbe gefällt dir? (*welch..*)

(3) _____ Kind bekommt ein Geschenk. (*jed..*)

> *gefällt* < gefallen
> (…1が…3に) 気に入る,
> (…1は…3が) 好きだ

3 格変化表を完成させなさい。

【不定冠詞類】

	男 君の父	女 彼の母	中 彼女の車	複 私たちの友人たち
1格	dein Vater	seine Mutter	ihr Auto	unsere Freunde
2格	_____ Vaters	_____ Mutter	_____ Autos	_____ Freunde
3格	_____ Vater	_____ Mutter	_____ Auto	_____ Freunden
4格	_____ Vater	_____ Mutter	_____ Auto	_____ Freunde

4 （　　）内の不定冠詞類を適切な形に変化させて下線部に入れなさい。

(1) In zwei Wochen heiratet _____ Schwester. (mein)

(2) Karl hilft _____ Mutter beim Kochen. (sein)

(3) Hanna telefoniert jeden Tag mit _____ Freund. (ihr)

> helfen （…3を) 手伝う
> Kochen 中 < kochen
> ★ドイツ語の動詞はそのまま名詞としても用いることができる。名詞の性は中性。
> jeden Tag 毎日

5 命令表現の表を完成させ，続く例文の下線部に（　）内の動詞を<u>du</u>に対する命令の形にして入れなさい。

	trinken 飲む	essen 食べる
duに対して	＿＿＿＿＿＿＿ !	＿＿＿＿＿＿＿＿ !
ihrに対して	＿＿＿＿＿＿＿ !	＿＿＿＿＿＿＿＿ !
Sieに対して	＿＿＿＿＿＿＿ ＿＿＿ !	＿＿＿＿＿＿＿ ＿＿＿ !

> doch （命令文で）さあ，いいから
> ★ここでのdochのように，ドイツ語には話し手の主観的な気持ちを反映して用いられる一連の語がある。**心態詞**と呼ばれることがある。日本語に訳しにくいことも多い。
> etwas 少し，いくらか

(1) ＿＿＿＿＿＿＿ doch etwas Milch!（trinken）

(2) ＿＿＿＿＿＿＿ doch deine Hausaufgaben!（machen）

6 与えられた語句を参考にドイツ語文を作りなさい。語句は適切な形に変化させること。

(1) このスープはとてもおいしい。

dies.. Suppe / sehr / gut / *schmecken* / .

＿＿＿＿＿＿＿＿＿＿＿＿＿＿＿＿＿＿＿＿＿＿＿＿＿＿

(2) 今日はディーターがガールフレンドのために料理する。

heute / Dieter / für / *sein..* Freundin / *kochen* / .

Heute ＿＿＿＿＿＿＿＿＿＿＿＿＿＿＿＿＿＿＿＿＿＿＿＿

トピック・ヨーロッパ　〜デンマーク，北ヨーロッパ〜

　ここからはドイツの周辺の国を順に見ていこう。まずドイツの北に位置するのはデンマークだ。国土のほとんどが平坦な地形で，偏西風が強く吹きつける。近年は風力発電が盛んで，国内の発電量のかなりの割合を占めている。代表的な産業は牧畜。チーズやバターが有名だ。

　デンマークを含め，スカンディナビア半島を中心とした北部の国々は北ヨーロッパ（北欧）と呼ばれる。バイキング（ノルマン人）を思い浮かべる人も多いだろう。彼らは8世紀頃から，デンマーク，ノルウェー，スウェーデンを拠点として，ヨーロッパ各地に進出した。一方で，それによってこの地域に大陸文化がもたらされ，キリスト教も広まった。ただし，ルターの宗教改革以降は，プロテスタントが多数を占めている。

　北欧と言えば，童話や児童文学のイメージも強い。「人魚姫」で有名なアンデルセンはデンマークの作家。「ムーミン」のヤンソンはフィンランドの女性作家だ。この地域の特徴として，社会保障や福祉が手厚いことも忘れてはならない。もちろんこれは税金によって支えられていることも。

コペンハーゲンの人魚姫像

1 kein と nicht

● 不特定の対象（無冠詞の名詞，不定冠詞付きの名詞）に対しては **kein** を用いる。一方，特定の対象（定冠詞付きの名詞）に対しては **nicht** を用いる。

Haben Sie ein Tablet? – Nein, ich habe **kein** Tablet.
タブレットを持っていますか。– いいえ，持っていません。

Haben Sie das Buch? – Nein, ich habe das Buch **nicht**.
その本を持っていますか。– いいえ，持っていません。

> Tablet [テブレット]
> ⊕ タブレット (PC)

2 命令表現・提案表現の注意点

● 再帰動詞を命令表現にする場合，再帰代名詞を du, ihr, Sie に応じて変化させる。

sich[4] setzen 座る ▶ Setz **dich**! / Setzt **euch**! / Setzen Sie **sich**!

● 提案表現には，英語の *Let's …!* に相当する表現 Lass uns …! / Lasst uns …! / Lassen Sie uns …! を用いることもできる（ただしまれ）。

Lass uns nach Hause gehen! 家に帰ろう！【du に対して】

● 実際には，さまざまな形式で命令・依頼などを表すことができる。

Vorsicht! 気をつけて！【名詞】　Schnell! 早く！【副詞】

> nach Hause 家へ

● 命令表現も提案表現も，基本的には「要求文」であるため，場合によっては別の言い回しにするなど配慮が必要。例えば「そろそろ行きませんか」など（☞48頁）。

3 語順：文頭

● 文頭にはふつう文のテーマ（「…に関していうと」「…は」）が置かれる。なお，定動詞はまとまりで数えて2番目に来る。

Im August fliege ich nach Deutschland. 8月には私はドイツへ行く。

ヒト・クニ・コトバ　　〜見える!〜

大雑把に言って，日本語の話し手と聞き手は「いっしょに見る」という形での対話を好む傾向にある。右の図で考えてみよう。日本語では，発話の原点に（見えない）自己がいる。「寒い」と言えば自分が寒い，「悲しい」と言えば自分が悲しいということ。「星が見える」と言えば自分に星が見えるということだ。話し手がそう言ったら，聞き手は話し手の視点に寄り添い，話し手の言っていることを話し手の視点から理解する。

星が見える！

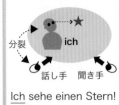
Ich sehe einen Stern!

一方ドイツ語では，発話している自分自身が ich〈私〉として，距離を置いて言語化される。この点で，ドイツ語の ich は3人称の er/sie〈彼/彼女〉などと同列だ。たとえて言うと，話し手は自分の分身を舞台の上に置いて，聞き手とともに観客席からそれを見て話をしている感じになる。

ややこしかっただろうか。次の例で考えてみよう。村上春樹の『海辺のカフカ』の一節。

彼女は...こちらに視線を向ける。
Sie ... richtet ihren Blick auf mich.（彼女は視線を僕の方に向ける）

「こちら」というのはどこを指すだろうか。ふつうは話し手（語り手）のいるところだ。本来その場所は聞き手である私たちのいる場所とは異なるはずだが，私たちはこの文を読んだとき，特に問題なく主人公の位置に自分を置いている。一方，ドイツ語の方は「私」が使われている。では続きはまた次回。

🔊 **31**

Daniel : Du hast viele Hunde, Vanessa.

Vanessa : Ja, ich liebe Hunde.

Schau, der kleine Hund hier

heißt Waldi.

Er trinkt auch Bier!

Daniel : …

トピック・ドイツ 〜ドイツのビール・ワイン，そして環境〜

　ドイツと言えばビールというイメージが強い。ビール祭りも各地で開かれ，中でもミュンヘンのオクトーバーフェストは世界的に有名だ。一方で，ワインもよく飲まれる。ライン，モーゼル，フランケンなどのワインがよく知られている。

　話は変わるが，ドイツでは飲み物の容器の多くは保証金（デポジット）がかかっていて，返却するとお金が戻ってくる。ドイツは環境政策の進んだ国というイメージもあるが，ごみの収集が有料である点に加え，いわゆるデュアル・システムを採用している点が特徴だ。大雑把に言うと，企業の責任に帰されるようなごみ（例えばシャンプーの容器やお菓子の包みなど）は企業の責任で回収しなさいというもの。対象となる製品にはDER GRÜNE PUNKTと呼ばれるマークが付いている。

オクトーバーフェスト（もう大変）

● ● ● ● ● ● ● ● ● ● ● ● ● ● ● ● ● ● ● ●

🔍 ビールとワイン

ドイツでは小規模な醸造所も多く，人々に愛されている。サッカーと同じく（?），地元のビールが原点だ。

Brauerei 〈ビール醸造所〉

向うに見えるのはライン川。白ワイン用のブドウの主な品種は，リースリング，ミュラー・トゥルガウ，ズィルヴァーナー。

Weinberg 〈ブドウ畑〉

形容詞の格変化・比較変化

🔊 §1 形容詞の格変化
32

☞ 練習 1, 2, 3（34頁）

● 名詞の前の形容詞は，名詞の性や格に応じて語尾を付ける。次の3パターンに分けて考えるとよい。

- ⓐ 定冠詞［類］ ＋ 形容詞 ＋ 名詞
- ⓑ 不定冠詞［類］＋ 形容詞 ＋ 名詞
- ⓒ （無冠詞）　　　　形容詞 ＋ 名詞

ⓐ 定冠詞［類］＋形容詞＋名詞

	男性〈その古い帽子〉		女性〈その古い人形〉		中性〈その古いラジオ〉		複数〈その古いカップ〉	
1格	der	alte Hut	die	alte Puppe	das	alte Radio	die	alten Tassen
2格	des	alten Hutes	der	alten Puppe	des	alten Radios	der	alten Tassen
3格	dem	alten Hut	der	alten Puppe	dem	alten Radio	den	alten Tassen
4格	den	alten Hut	die	alte Puppe	das	alte Radio	die	alten Tassen

男性		女性		中性		複数	
der	−e	die	−e	das	−e	die	−en
des	−en	der	−en	des	−en	der	−en
dem	−en	der	−en	dem	−en	den	−en
den	−en	die	−e	das	−e	die	−en

男性・1格

Der kleine Hund heißt Waldi.
その小さな犬はヴァルディという名前だ。

ⓑ 不定冠詞［類］＋形容詞＋名詞

	男性〈1つの古い帽子〉		女性〈1つの古い人形〉		中性〈1つの古いラジオ〉		複数〈私の古いカップ〉	
1格	ein	alter Hut	eine	alte Puppe	ein	altes Radio	meine	alten Tassen
2格	eines	alten Hutes	einer	alten Puppe	eines	alten Radios	meiner	alten Tassen
3格	einem	alten Hut	einer	alten Puppe	einem	alten Radio	meinen	alten Tassen
4格	einen	alten Hut	eine	alte Puppe	ein	altes Radio	meine	alten Tassen

男性		女性		中性		複数	
ein◇	−er	eine	−e	ein◇	−es	meine	−en
eines	−en	einer	−en	eines	−en	meiner	−en
einem	−en	einer	−en	einem	−en	meinen	−en
einen	−en	eine	−e	ein◇	−es	meine	−en

中性・4格

Daniel hat **ein kleines Auto.**
ダーニエルは小さな車を一台持っている。

ⓒ 形容詞＋名詞（無冠詞）

	男性〈良いワイン〉		女性〈良い音楽〉		中性〈良いビール〉		複数〈良い友人たち〉	
1格	guter	Wein	gute	Musik	gutes	Bier	gute	Freunde
2格	guten	Wein[e]s	guter	Musik	guten	Bier[e]s	guter	Freunde
3格	gutem	Wein	guter	Musik	gutem	Bier	guten	Freunden
4格	guten	Wein	gute	Musik	gutes	Bier	gute	Freunde

	男性	女性	中性	複数
	–er	–e	–es	–e
	–en	–er	*–en*	–er
	–em	–er	–em	–en
	–en	–e	–es	–e

複数・4格

Vanessa hat **schöne Augen**.

ヴァネッサは美しい目をしている。

§2 形容詞の比較変化

☞ 練習4（35頁）

33

● **比較級**は原級に –erを，**最上級**は –stを付けて作る。一音節の短い語では，ウムラウトすることが多い。不規則に変化するものもある。

原級			比較級 (–er)		最上級 (–st)
schön	美しい	—	schöner	—	schönst
lang	長い	—	länger	—	längst
alt	古い	—	älter	—	ältest

✓ 口調上のeを入れる（–t, –d, –s, –zなどのあと）。

不規則変化

原級			比較級		最上級
groß	大きい	—	größer	—	größt
gut	良い	—	besser	—	best
viel	多い	—	mehr	—	meist
hoch	高い	—	höher	—	höchst

✓ 最上級で –tのみ。

● 形容詞の比較級・最上級が名詞の前に置かれる場合，形容詞の格語尾が付く。

ein **kleineres** Auto　　もっと小さな車（kleiner + es）

der **schnellste** Zug　　いちばん速い列車（schnellst + e）

● 「AはBより…だ」という場合，「**比較級＋als**」を用いる。

Jan ist **kleiner als** Julia.　ヤンはユーリアより小さい。

● 「Aがいちばん…だ」という場合，ⓐ「**定冠詞＋最上級** (–ste/–sten)」という形と，ⓑ「**am＋最上級** (–sten)」という固定した形の2つがある。いずれの場合も格語尾が付く。

ⓐ Dieses Foto ist **das schönste***.　この写真がいちばん美しい。　　* = das schönste [Foto]

ⓑ Dieses Foto ist **am schönsten**.　（同上）

まとめ ☞ 練習5（35頁）

1 形容詞の格変化表を完成させ，続く例文の下線部に適切な格語尾を補いなさい。

【定冠詞類のうしろの形容詞】

	男 小さな机		女 美しい花		中 大きな家		複 厚い本	
1格	der klein___	Tisch	die schön___	Blume	das groß___	Haus	die dick___	Bücher
2格	des klein___	Tisch**es**	der schön___	Blume	des groß___	Haus**es**	der dick___	Bücher
3格	dem klein___	Tisch	der schön___	Blume	dem groß___	Haus	den dick___	Bücher**n**
4格	den klein___	Tisch	die schön___	Blume	das groß___	Haus	die dick___	Bücher

(1) Wie teuer ist dieser deutsch____ Wein?

(2) Kennst du das neu____ Restaurant am Bahnhof?

> Restaurant [レストラーン] 中 レストラン（◀フランス語）

2 形容詞の格変化表を完成させ，続く例文の下線部に適切な格語尾を補いなさい。

【不定冠詞類のうしろの形容詞】

	男 私の大きな机		女 彼女の白いブラウス		中 彼の青いシャツ		複 あなたの赤い靴	
1格	mein groß___	Tisch	ihre weiß___	Bluse	sein blau___	Hemd	Ihre rot___	Schuhe
2格	meines groß___	Tisch**es**	ihrer weiß___	Bluse	seines blau___	Hemd**es**	Ihrer rot___	Schuhe
3格	meinem groß___	Tisch	ihrer weiß___	Bluse	seinem blau___	Hemd	Ihren rot___	Schuhe**n**
4格	meinen groß___	Tisch	ihre weiß___	Bluse	sein blau___	Hemd	Ihre rot___	Schuhe

(1) Maria kauft sich ein neu____ Kleid.

(2) Heute gibt es keine gut____ Sendungen im Fernsehen.

> es gibt + 4格 …⁴がある，いる

3 形容詞の格変化表を完成させ，続く例文の下線部に適切な格語尾を補いなさい。

【冠詞類を伴わない形容詞】

	男 熱いコーヒー		女 新鮮なミルク		中 冷たい水		複 古い家	
1格	heiß___	Kaffee	frisch___	Milch	kalt___	Wasser	alt___	Häuser
2格	heiß___	Kaffee**s**	frisch___	Milch	kalt___	Wasser**s**	alt___	Häuser
3格	heiß___	Kaffee	frisch___	Milch	kalt___	Wasser	alt___	Häuser**n**
4格	heiß___	Kaffee	frisch___	Milch	kalt___	Wasser	alt___	Häuser

(1) Frau Schmidt trinkt oft grün____ Tee.

(2) Sven interessiert sich schon lange für japanisch____ Kultur.

> Sven [スヴェン] （男性名）

4 次の比較変化の表を完成させ，続く例文の下線部に（ ）内の形容詞・副詞を<u>適切な形</u>の比較級または最上級にして入れなさい。

原級		比較級	最上級
klein	小さい	_____	_____
groß	大きい	_____	_____
gut	良い	_____	_____
viel	多い	_____	_____

★ドイツの大都市ランキング
1. Berlin
2. Hamburg
3. München
4. Köln
5. Frankfurt

liest < lesen 読む

(1) Hamburg ist _____ als München.（groß）

(2) Wer liest in der Klasse am _____ ?（viel）

5 与えられた語句を参考にドイツ語文を作りなさい。語句は適切な形に変化させること。

(1) 金曜日には私は小さな妹の宿題を手伝う。

freitags / ich / *mein.. klein..* Schwester / bei / *d.. Hausaufgabe..*（複数で）/ *helfen* / .

Freitags _____

(2) ここには良いビールがある。

hier / es / *gut..* Bier / *geben* / .

Hier _____

トピック・ヨーロッパ 〜ベネルクス〜

　ベネルクスは，ベルギー，オランダ（ネーデルランド），ルクセンブルクの3か国を合わせた呼称。フランスとドイツに挟まれ，国土面積は小さく，3か国を合わせてもドイツの5分の1ほどだ。3か国のうち，オランダとベルギーは北海に面する。一部の地域をのぞいて平野が広がり，特にライン川の河口のあるオランダでは，干拓地が多く，海面よりも低い土地が大部分を占める。

　ベネルクスで使用される言語は主にオランダ語とフランス語。一部ドイツ語も用いられる。ルクセンブルクではルクセンブルク語が公用語の1つとされているが，これはもともとこの地域で話されていたドイツ語の一変種（方言）が公用語になったものだ。

オランダ，風車

　ベネルクスは，周囲の大国に対抗するため，協力関係を築き上げてきた。そのような歴史的背景もあり，現在，EUの主要機関の多くは，ベルギーの首都ブリュッセルに置かれている。近年では石油化学工業が大きく発展。また，ラインの河口に位置するロッテルダム港（ユーロポート）は世界有数の貿易量を誇る。

1 形容詞の名詞化

● 形容詞を**名詞化**して用いる場合がある。大文字で書き始め，形容詞と同じ格語尾を付ける。

deutsch ドイツ［人］の ▶ ein Deutscher 一人のドイツ人男性

	男性		女性		複数	
1格	der	Deutsche	die	Deutsche	die	Deutschen
2格	des	Deutschen	der	Deutschen	der	Deutschen
3格	dem	Deutschen	der	Deutschen	den	Deutschen
4格	den	Deutschen	die	Deutsche	die	Deutschen

	男性		女性		複数	
1格	ein	Deutscher	eine	Deutsche	—	Deutsche
2格	eines	Deutschen	einer	Deutschen	—	Deutscher
3格	einem	Deutschen	einer	Deutschen	—	Deutschen
4格	einen	Deutschen	eine	Deutsche	—	Deutsche

✓ 中性名詞として用いる場合もある。 例：*das* Deutsche ドイツ語， *das* Wichtige / Wichtiges 大切なこと

2 同等の比較

● 「AはBと同じくらい…だ」という場合，「**so ＋原級＋ wie**」を用いる。

Vanessa ist **so alt wie** Daniel. ヴァネッサはダーニエルと同じくらいの年齢だ。

3 形容詞の副詞的用法

● ドイツ語の形容詞はそのままの形で副詞として用いることもできる（＝**副詞的用法**）。

fleißig 勤勉な ▶ Lara arbeitet **fleißig**. ラーラは勤勉に働く。

ヒト・クニ・コトバ　　〜あれ？〜

　日本語では，話し手と聞き手が視線を合わせながら話をする傾向が強いということを見てきた。ドイツ語のコミュニケーションが「ダイアローグ（対話）」を基本としているのに対し，日本語のコミュニケーションは「モノローグ（独話）」的であるというふうに言っていいかもしれない。実際のところ，日本語では独り言のような発話がコミュニケーション的な機能を持つということがよく起こる。次の絵本の例を見てみよう。酒井駒子『ゆきがやんだら』の一節。

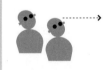

二人なのに一人?!

　あれ!? ゆきが ふって ないよ！ …「ママ，ママ，そとに いって いいでしょ。ゆき やんでるよ。」
最初の下線部分は，独り言だろうか，それとも母親への語りかけだろうか。おそらく心の中で思ったことがふと口をついて出てきたのだろうが，まったくの独り言だとは言えないところもある。ちなみにドイツ語訳はこうだ。
　„Guck mal! Es hat aufgehört!" … „Mama, Mama, jetzt darf ich doch raus?"
　（「ねえ見て！やんだよ！」…「ママ，ママ，もうそとにでてもいいよね？」）
はっきりと引用符に入れられ，「見て」と母親への呼びかけになっている。
　実は日本語には，話し手と聞き手が視線を合わせるための仕掛けがたくさんある。上の例でも出てきているが，「あ」「あれ」「え」「お」などの間投詞，「ね」「よ」「な」などの終助詞，さらには会話の途中で頻繁に出てくる相づちなどもそうだ。ではまた次回。

🔊 34

Laura : Morgen fahre ich mit Kerstin nach Köln. Kommst du mit?

Klaus : Ja, gern. Wann und wo trefft ihr euch?

Laura : Wir sehen uns um sieben am

Bahnhof.

Klaus : O nein! So früh schon?!

Morgens stehe ich immer erst um

neun auf.

トピック・ドイツ　〜ドイツの教育制度〜

　ドイツの小学校は日本と同じ６歳から。ただし４年間で卒業となり，10歳で早くも進路の選択を迫られる。本人（親？）の希望や成績によって，大きく３つのコースに分かれる。将来的に職業学校に通って職人を目指すコース（Hauptschule ＝基幹学校），専門学校に通って事務職などにつくコース（Realschule ＝実科学校），大学進学を目指すコース（Gymnasium ＝ギムナジウム）の３つだ。
　ギムナジウムの卒業資格試験はアビトゥーアと呼ばれ，ドイツではこれがそのまま大学入学資格となる。原則として大学入学試験はなし，授業料も無料だ。現在では，大学の課程は日本とほぼ同じで，通常３年間の学士課程の後，２年間の修士課程に進むことができる。教養科目相当の授業はギムナジウムで終えているため，大学では基本的に専門科目のみを受講する。ただし，主専攻に加え副専攻を取らなければならないことが多い。

ドイツの子供たち

🔍 教育のいろいろ

Universität〈大学〉

大学の講義室風景。講義のあと，拍手代わりに机を叩くのがドイツの伝統。知らないと初めは驚く。

Kindergarten〈幼稚園〉

写真はヴァルドルフ幼稚園（日本ではシュタイナー幼稚園と呼ばれる）。独自の教育思想を実践している。

分離動詞

☞ 練習 1, 2, 3（40頁）

🔊 **§1　分離動詞**

35

● 文中で2つの部分に分離する動詞がある。**分離動詞**と呼ばれる。

● 分離動詞は**分離前つづり**と基礎動詞部分から成る。分離前つづりは必ずアクセントを持つ。

aufstehen　　→　　**auf** ｜ stehen　［アオフ・シュテーエン］起きる
　　　　　　　　　　【分離前つづり】【基礎動詞】

> ★英語では *get up* がこれに相当するが，ドイツ語では動詞と副詞部分の順序が逆になり，さらに一語であると見なされる。つまり *'upget'* のようにつづられるということ。

auf|stehen					
ich	stehe	... auf	wir	stehen	... auf
du	stehst	... auf	ihr	steht	... auf
er	steht	... auf	sie	stehen	... auf

✓ 辞書などでは，分離箇所を示すために ｜ を入れる。

● 文を作る際は，基礎動詞部分を人称変化させ，平叙文であれば2番目に置く。分離前つづりは文末に残る。結果的に，基礎動詞部分と分離前つづりによる枠が形成される（＝**枠構造**）。

クラウスは　　　＿＿＿＿＿　　朝　　　いつも　　　9時に　　　起きる
Klaus　　　　　＿＿＿＿＿　morgens　immer　um neun　auf ｜ stehen

Klaus　｜ **steht** ｜ morgens immer um neun ｜ **auf** ｜.

Steht ｜ Klaus morgens immer um neun ｜ **auf** ｜ ?　【疑問文】

クラウスは朝いつも9時に起きるのですか。

● 前つづりと基礎動詞部分が連続する場合（例えば副文），分離動詞は一語でつづる。

Wissen Sie, wann Klaus morgens immer **aufsteht**?

クラウスが朝いつもいつ起きるか知っていますか。

> **wissen** 知っている（**不規則変化** ☞ 48頁）
> ★疑問詞で始まる間接疑問文も副文の一種。定動詞は文末。（☞18頁）

● 基礎動詞部分が不規則動詞（☞ 15頁）の場合，やはり不規則に変化する。

ab|fahren 出発する					
ich	fahre	... ab	wir	fahren	... ab
du	**fährst**	... ab	ihr	fahrt	... ab
er	**fährt**	... ab	sie	fahren	... ab

Der Zug **fährt** in wenigen Minuten **ab**. 列車は数分で出発する。

> **wenig** 少しの，わずかの

●) **§2　非分離動詞**　　　　　　　　　　　　　　☞ 練習4（41頁）

36

●前つづりの中には分離しないものもある。これを**非分離前つづり**，非分離前つづりを持つ動詞を**非分離動詞**と呼ぶ。

●非分離前つづりはアクセントを持たない。例えば次のようなものがある。

be-, emp-, ent-, er-, ge-, ver-, zer-

bekommen　　→　　be - **kommen** [ベコメン] もらう
　　　　　　　　　　【非分離前つづり】【基礎動詞】

bekommen			
ich	bekomme	wir	bekommen
du	bekommst	ihr	bekommt
er	bekommt	sie	bekommen

ab und zu　時々

Laura **bekommt** ab und zu Post aus Japan.　ラウラは時々日本から郵便をもらう。

●基礎動詞部分が不規則動詞の場合，やはり不規則に変化する。

erfahren 知る，経験する			
ich	erfahre	wir	erfahren
du	erfährst	ihr	erfahrt
er	erfährt	sie	erfahren

●) **§3　分離・非分離前つづり**

37

●前つづりの中には，分離・非分離の両方で用いられるものもある（＝**分離・非分離前つづり**）。

durch-, hinter-, über-, um-, unter-, wider-, wieder-

●分離する場合は<u>具体的な意味</u>に，非分離の場合は<u>抽象的な意味</u>になることが多いとされる。ただし，よく用いられるのはどちらか一方であることが多い（次の例では後者の方がよく用いられる）。

über|setzen [ユーバー・ゼッツェン]　分離 （船で）渡す
　▶ Ein Fischer **setzt** uns ans andere Ufer **über**.
　　　一人の漁師が私たちを向こう岸へ渡してくれる。

übersetzen [ユーバーゼッツェン]　非分離 翻訳する
　▶ Thomas **übersetzt** den Roman ins Deutsche.
　　　トーマスはその小説をドイツ語に翻訳する。

ins Deutsche　ドイツ語へ
★言語名は，Deutsch〈ドイツ語〉のように，無冠詞・無語尾がふつうだが，*das* Deutscheのように，冠詞と格語尾の付いた形もある（形容詞の名詞化 ☞36頁）。

まとめ ☞ 練習5（41頁）

1 分離動詞の現在人称変化表を完成させ，続く例文の下線部にこの動詞の適切な変化形を入れなさい。

aus|gehen 意味 _____		
ich _____ ... _____	wir _____ ... _____	
du _____ ... _____	ihr _____ ... _____	
er		
sie _____ ... _____	sie _____ ... _____	
es		
Sie _____ ... _____		

(1) Klaus _____ heute Abend _____.

(2) An diesem Wochenende _____ wir mal wieder _____!

> heute Abend 今晩

2 次の不定詞句の意味を書きなさい。

(1) a. das Fenster auf\|machen 　　窓を_____

　　 b. das Fenster zu\|machen 　　_____

(2) a. in den Zug ein\|steigen 　　列車に_____

　　 b. aus dem Zug aus\|steigen 　　_____

3 （　　）内の分離動詞を適切な形にして下線部に入れなさい。*の付いた動詞は現在人称変化に注意すること。

(1) Herr Koch _____ seine Frau vom Bahnhof _____. (ab\|holen)

(2) Wir _____ um zehn Uhr in Stuttgart _____. (an\|kommen)

(3) Lisa _____ uns zur Geburtstagsparty von ihrem Großvater _____. (ein\|laden*)

(4) Wann _____ du nach Hause _____? (zurück\|kommen)

(5) Laura fragt Klaus, wann das Konzert morgen _____. (an\|fangen*)

> ein\|laden 招待する
> ▶ er *lädt ... ein*
> ★不規則動詞 は 語幹 が -t, -d で
> 終わっていても「口調上の e」
> (☞6頁) は入れない。

4 分離動詞か非分離動詞かに注意して，下に挙げた動詞から適切なものを選び下線部に入れなさい。

(1) Angelika _____ zum Schreiben einen Computer.

(2) Katharina _____ mir morgen ihren neuen

Freud _____ .

(3) Familie Richter _____ ihr Haus.

(4) Der Arzt _____ den Patienten.

> Familie Richter リヒターさん一家（単数扱い）
>
> Patient [パツィエント]
> 男 患者（男性弱変化名詞 ☞12頁）

benutzen   untersuchen   verkaufen   vorstellen

5 分離動詞か非分離動詞かに注意して，与えられた語句を参考にドイツ語文を作りなさい。

(1) ベルントはお客さんたちにケーキを一切れ出す。

Bernd / *d.. Gäste..* / *e..* Stück Kuchen / *anbieten* / .

_____

(2) クラインさんは子供たちに昔話を語って聞かせる。

Frau Klein / *ihr.. Kinder..* / *e..* Märchen / *erzählen* / .

_____

トピック・ヨーロッパ　〜フランス〜

　フランスは，ライン川を境にドイツと接する。また，南はピレネー山脈でスペインに，南東部はアルプス山脈でスイス，イタリアに接している。西は大西洋に面しており，温暖な地域が多い。南部は地中海に面する。

　首都はパリ。国民の半数以上はカトリックを信仰する。フランスを代表する観光地，ベルサイユ宮殿は，17世紀の絶対王政時代に国王ルイ14世によって建てられた。その後，1789年のフランス革命，ナポレオンの登場，二度の大戦などを経て，現在は共和政がしかれている。

パリのカフェ

　フランスと言えば，フランス料理やワインが有名だ。農業大国でもあり，小麦やテンサイの栽培とあわせて家畜を育てる混合農業が行われている。地中海に近い南部ではブドウやオリーブの栽培も盛んだ。一方で，科学技術をいかした産業も発展。航空機メーカーのエアバス社は，ドイツなどを含む国際共同会社だが，本社はフランスのトゥールーズにある。なお，脱原発を決めたドイツに対し，フランスは原子力大国であり，発電量に占める原子力発電の割合は総じて高い。

1 分離動詞の命令表現

● 分離動詞を命令表現にする場合，やはり分離する。

auf|passen 気をつける ▶ Pass auf! / Passt auf! / Passen Sie auf!

2 語順：文末

● 不定詞句では動詞が末尾に置かれるが，その直前には動詞と結びつきの強い語句が来る。特に強く結びついた語句はまとまりを作る（「映画に行く」など）。

morgen mit Katrin **ins Kino gehen**   明日カトリーンと映画に行く

● ただし，平叙文では定動詞が2番目に置かれるため，両者は離れてしまう（＝**枠構造**）。

▶ Ich **gehe** morgen mit Katrin **ins Kino**.   僕は明日カトリーンと映画に行く。

3 語順：nicht の位置

● nicht の位置は不定詞句で考えるとよい。nicht は動詞［句］の直前に置く。動詞が結びつきの強い語句とまとまりを作っている場合，nicht はその前に置く。

heute ins Kino gehen 今日映画に行く ▶ heute **nicht ins Kino gehen** 今日映画に行かない

● 平叙文では定動詞が2番目に置かれるため，nicht は文末または文末に近い位置に残る。

▶ Sebastian **geht** heute **nicht ins Kino**.   ゼバスティアンは今日映画に行かない。

● 特に否定したい語句がある場合，nicht はその直前に置く（＝**部分否定**）。

Lukas kommt **nicht** heute, sondern morgen.   ルーカスは今日ではなく，明日来る。

> nicht A, sondern B
> A ではなく B

ヒト・クニ・コトバ　　～自分を発見する!～

　ドイツ語の独り言のことにも触れておこう。ドイツ語では自分に対し「君」（du）で呼びかけることがある。次は独り言の例。
Er ... fügte hinzu: „Mir scheint, du faselst und bist nicht ganz klar im Kopf ...“
（彼は付け加えた。「ばかなことを言ってお前は頭がどうかしているようにオレには思える」）
トーマス・マンの『魔の山』からの引用だが，独り言の中に1人称代名詞（mir）と2人称代名詞（du）が同時に出てきていておもしろい。1人なのにダイアローグ（対話）が成立している感じだ。日本語でも不可能ではないが（「お前，がんばれ」のように），実際にはかなりまれだろう。

一人なのに二人?!

　ドイツ語の再帰代名詞の使用も特徴的だ。sich waschen〈自分を洗う〉，sich rasieren〈自分を剃る〉，sich kämmen〈自分を梳かす〉ではどれも sich〈自分〉が出てくる。一方，これに対応する日本語は，「体を洗う」「ひげを剃る」「髪を梳かす」で，特に「自分」が意識されることはないように思われる
　そう言えば，カフカの『変身』は次のように始まる。ある朝目が覚めたら虫になっていたという有名な冒頭部分だが，ここに sich が登場する。今回はここまで。ではまた次回。
Als Gregor Samsa eines Morgens aus unruhigen Träumen erwachte, fand er sich in seinem Bett zu einem ungeheueren Ungeziefer verwandelt. （グレーゴル・ザムザがある朝不安な夢から目覚めたとき，彼は 自分を ベッドの中で巨大な虫に変わっている状態で発見した。）

Marco : Petra, hast du morgen Zeit?

Wir wollen im Park Fußball spielen.

Petra : Nein, morgen habe ich leider

keine Zeit.

Ich muss zum Training der

Frauenmannschaft.

トピック・ドイツ　～ドイツサッカー～

　ドイツのスポーツ環境の特徴はそのすそ野の広さにある。子供も大人もいっしょに地元のクラブでスポーツを楽しむ。学校を卒業すると極端に運動の機会が減少する日本とは，スポーツ文化が根本的に異なる。ドイツには日本の部活動のようなものは基本的にない。スポーツクラブへ通う子供たちは学校も年齢もばらばらだ。

　ドイツで圧倒的な人気を誇るのはやはりサッカーで，ほかのスポーツにはない独特の影響力を持っている。ドイツ国内におけるサッカーのトップリーグはブンデスリーガ（1部）。18チームから成り，ホーム＆アウェーで全34節を戦う。

　並行して，DFBポカールと呼ばれる国内のカップ戦も行われる。DFBというのはドイツサッカー連盟の略で，ドイツ国内のサッカークラブを統括している。もちろんドイツ代表チームを組織するのもDFBだ。

ドイツ対オーストリア
（アリアンツ・アレーナ／ミュンヘン）

🔍 ライバル

ホームスタジアムはフェルティンスアレーナ。シャルケはゲルゼンキルヒェンの一市区で，チーム発足の地。

FC Schalke 04〈FCシャルケ04〉

ホームはズィグナール・イドゥーナ・パルク。シャルケとのダービーはとりわけ熱い。8万人収容のスタジアムは圧巻だ。

Borussia Dortmund〈ボルシア・ドルトムント〉

話法の助動詞

🔊 **§1　話法の助動詞**　　　　　　　　　　　　　　☞ 練習 1，2（46頁）

39

● **話法の助動詞**は，許可，可能，義務などのニュアンスを付加する。単数で不規則に変化する。

	dürfen …してよい （許可）	können …できる （可能）	mögen …かもしれない （推量）	müssen …ねばならない （義務）	sollen …すべきだ （他者の意志）	wollen …したい （主語の意志）	möchte …したい （願望）
ich	darf	kann	mag	muss	soll	will	möchte
du	darfst	kannst	magst	musst	sollst	willst	möchtest
er	darf	kann	mag	muss	soll	will	möchte
wir	dürfen	können	mögen	müssen	sollen	wollen	möchten
ihr	dürft	könnt	mögt	müsst	sollt	wollt	möchtet
sie	dürfen	können	mögen	müssen	sollen	wollen	möchten

● 文を作る際は，話法の助動詞を人称変化させ，平叙文であれば2番目に置く。本動詞は文末に残る。結果的に，話法の助動詞と本動詞による枠が形成される（＝**枠構造**）。

ペートラは	＿＿＿＿＿	とても上手に	サッカーを	することが	できる
Petra	＿＿＿＿＿	sehr gut	Fußball	spielen	*können*

Petra ｜ **kann** ｜ sehr gut Fußball ｜ **spielen** ．

Kann ｜ Petra sehr gut Fußball ｜ **spielen** ？【疑問文】

　ペートラはとても上手にサッカーをすることができるのですか。

Darf ich kurz deinen Computer **benutzen**?　ちょっと君のコンピューターを使ってもいいですか。

Ralf **soll** seinen Aufsatz bis Montag **schreiben**.
　ラルフは作文を月曜までに書くように言われている。

Emma **will** später Ärztin **werden**.　エマは将来医者になりたいと思っている。

> ★ wollen が **主語の意志**「…するつもりだ，…したい」を表すのに対し，sollen は **主語以外の誰かの意志**を表す。状況に応じて訳し分ける必要がある。

● **möchte** は mögen の変化した形（文法的には第12課で学ぶ接続法第2式）だが，「…したい」という意味の話法の助動詞としてよく用いられる。

Ich **möchte** Kaffee trinken.　私はコーヒーが飲みたい。

> ★ möchte は控えめな願望「（できれば）…したい」を表す。

🔊 §2 話法の助動詞の各種用法

☞ 練習3 (46頁)

40

●ドイツ語では話法の助動詞が単独で用いられることも多い（＝**本動詞化**）。

Wolfgang **kann** Japanisch.　ヴォルフガングは日本語ができる。

Brigitte **muss** zur Post.　ブリギッテは郵便局に行かなければならない。

●**mögen**は話法の助動詞としてはあまり用いられないが，「…が好きだ」という意味の本動詞としてよく用いられる。また，その変化形**möchte**も「…が欲しい」という意味でよく用いられる。

Sophie **mag** Süßigkeiten.　ゾフィーは甘いものが好きだ。

Ich **möchte** ein Fahrrad.　私は自転車が欲しい。

●話法の助動詞は，話し手の主観的な判断を表す場合もある（＝**主観的用法**）。

können …かもしれない，…でありうる	**müssen** …に違いない	**sollen** …らしい，…といううわさだ

Der Bus **kann** jeden Moment kommen.　バスは今にも来るかもしれない。

🔊 §3 助動詞 werden, lassen

☞ 練習4 (47頁)

41

●「推量」を表す**werden**〈…だろう〉や「使役」を表す**lassen**〈…させる・してもらう；…させておく〉なども助動詞として用いられる。

werden …だろう			
ich	werde	wir	werden
du	**wirst**	ihr	**werdet**
er	**wird**	sie	werden

lassen …させる			
ich	lasse	wir	lassen
du	**lässt**	ihr	lasst
er	**lässt**	sie	lassen

Alexander **wird** dir helfen.　アレクサンダーは君を手伝ってくれるだろう。

Frau Schröder **lässt** ihren Sohn oft einkaufen.

シュレーダーさんは息子によく買い物をさせる。

✓ 「誰々に何々させる」の「誰々に」の部分は4格で表す。ほかにvon＋ 3格 も可能。

まとめ ☞ 練習5 (47頁)

1 （　　）内の話法の助動詞を適切な形にして下線部に入れなさい。

(1) Uwe _____ immer nur Süßigkeiten essen.（wollen）

(2) Dein Passwort _____ du später ändern.（können）

(3) _____ ich dir eine Tasse Kaffee machen?（sollen）

(4) Hier _____ man nicht rauchen.（dürfen）

> Soll ich …?（相手の意向を尋ねて）…しましょうか?
> man （特定の人を指さずに）人は,人々は（☞24頁）
> ★不定代名詞 man は,文頭以外では常に小文字で書く。多くの場合, 日本語には訳さない方が自然。

2 （　　）内の話法の助動詞を使って次の文を書き換えなさい。もとの文の定動詞が不定詞でどのような形になるか注意すること。

例 （können）Wolfgang *spricht* gut Japanisch.（不定詞：sprechen）

　　→ **Wolfgang kann gut Japanisch sprechen.**

(1)（können）Ich *gehe* heute nicht mit ins Kino.（不定詞：　　　　　）

> mit いっしょに

　　→ _____

(2)（müssen）Ich *lerne* für eine Prüfung.（不定詞：　　　　　）

　　→ _____

(3)（wollen）Martin *geht* heute Abend *aus*.（不定詞：　　　　　）

　　→ _____

3 （　　）内の動詞・助動詞を使って日本語に相当するドイツ語文を作りなさい。

(1) 私はチョコレートが好きでない。（mögen）

Ich _____ keine Schokolade.

(2) ノイマンさんはもう60歳を超えているに違いない。（müssen）

Herr Neumann _____ schon über 60 sein.

(3) その映画はとてもおもしろいらしい。（sollen）

Der Film _____ sehr interessant sein.

4 （　　）内の動詞を助動詞として使って日本語に相当するドイツ語文を作りなさい。

(1) 明日は雪が降ると思う。(werden)

Ich denke, dass es morgen schneien ＿＿＿＿＿＿.

(2) グラスを落とさないように気をつけて，そうでないと割れちゃうよ！(lassen)

Pass auf, dass du die Gläser nicht fallen ＿＿＿＿＿＿, sonst gehen sie kaputt!

5 与えられた語句を参考にドイツ語文を作りなさい。

(1) 今日私はむしろ家にいたい。

heute / ich / lieber / zu Hause / bleiben / *möchte* / .

_____

(2) 分からないことがあったらいつでも私に聞いていいよ。

wenn / du / etwas / nicht *verstehen* , / du / mich / jederzeit / fragen *können* / .

_____

(3) 君はこのことを誰にも言わないって僕に約束しなければならないよ！

du / mir / versprechen *müssen* , / dass / du / das / niemandem *erzählen* / !

_____

トピック・ヨーロッパ　〜イタリア〜

　ドイツから鉄道でイタリアへ向かうと，オーストリアを経てイタリアとの国境付近でブレンナー峠を通過する。古い時代からドイツとイタリアをつなぐ要所として知られる。はじめはドイツ語だけだった駅名の表示に，イタリア語が併記されるようになり，やがてイタリア語のみになる。日本ではあまり知られていないが，イタリア北部（南チロル地方）ではドイツ語が使用されている。

　イタリアはヨーロッパの南部，地中海のほぼ中央に位置する。多くの日本人は，長靴の形をした国として記憶しているだろう。国土は日本の5分の4ほど。かつてローマ帝国の中心として繁栄し，数多くの遺跡を残す。首都のローマ市内にはカトリック教会の総本山バチカン市国——世界でいちばん小さな国——があり，国民の多くはカトリック教徒だ。

ピサの斜塔

　歴史的背景から，北部と南部で異なる文化圏が形成されている。北部にはミラノ，トリノ，ジェノバといった工業都市，「花の都」フィレンツェや，「水の都」ベネツィアがある。南部の中心は観光地として名高いナポリだ。南部は農業が中心で，しばしば南北格差が問題とされる。

1　話法の助動詞による依頼・提案表現

● 話法の助動詞を使って，間接的に依頼・提案を表現することができる。

Kannst du kurz meinen Schirm halten?　ちょっと傘を持っていてくれる？

Kann ich noch ein Stück Kuchen haben?　ケーキをもう一切れもらえますか。

Herr Krause, **wollen** wir langsam gehen?　クラウゼさん，そろそろ行きませんか。

> Wollen wir ...?
> …しませんか？

2　動詞 wissen

● 動詞 **wissen**〈知っている〉は，話法の助動詞と同じく単数で不規則に変化する。

wissen 知っている			
ich	weiß	wir	wissen
du	weißt	ihr	wisst
er	weiß	sie	wissen

Das **weiß** ich leider nicht.　それは残念ながら知りません（分かりません）。

3　doch と nein

● 否定疑問には **doch**（奥yes）または **nein**（奥no）で答える。

Kommst du nicht mit?　いっしょに来ないの？

– **Doch**, ich komme mit.（来る）/ **Nein**, ich komme nicht mit.（来ない）

> ### ヒト・クニ・コトバ　　～めでたし，めでたし？～

　物語の語り方にも日独の差を見出すことができる。次の例を見てみよう。ヘルメ・ハイネという人の書いた『ともだち』という絵本の末尾部分からの引用だ。いっしょに遊んでいたねずみ，にわとり，こぶたの3人（3匹）が，夕方，家路につく。

Bald wurden die Schatten länger als sie selbst. Und sie fuhren nach Hause.（やがて影が彼ら自身よりも長くなりました。そして彼らは家へ帰りました。）

そして彼らは家へ帰りました。
めでたし，めでたし…?!

「彼ら」という3人称で語られていること，「長くなりました」「帰りました」のように過去時制で語られていることが確認できる。さて，このドイツ語をどう訳すことができるだろうか。プロの翻訳家の仕事を見てみよう。

いつのまにか かげが ながくなった。3びきの せたけよりも ほら こんなに。さあ うちへ かえろう。

　なるほど，さすがだ。「いつのまにか」という主観的な表現を用いて読み手を物語の中に引き込み，「ほら」「さあ」と呼びかけて読み手と視線を合わせていく。最後は「うちへかえろう」と読み手を完全に巻き込んだ形で語りかける。もはや過去時制で語られる世界ではない。語り手・読み手（主体）と物語の世界（客体）の境界が限りなくあいまいになり，いわばみんな一緒になってその場に臨場している。

　それに対してドイツ語では，物語の世界はあくまで物語の世界として，距離を置いて聞き手の前に提示されている。これまでの話と平行した現象がここでも見られるというわけだ。さて，次回は新しいテーマを取り上げよう。

Lektion 9

Lena hat auf der Party viel gelacht.
レーナはパーティーでたくさん笑った

🔊 **42**

Max : Wie war die Party gestern?

Lena : Sie war sehr lustig.

Ich habe viel gelacht.

Max : Toll!

トピック・ドイツ　〜ドイツの祝日〜

　ドイツの祝日にはキリスト教関連のものが多い。最大の祝日はクリスマスと復活祭だ。それぞれキリストの生誕と復活を祝う。

　クリスマスの時期にはドイツ中でクリスマス市が開かれる。ソーセージのはぜる音，そしてグリューワイン（香辛料入りのホット赤ワイン）の甘い匂い。クリスマス市は観光客にも人気だ。

　一方，復活祭の方は，ごく一般的には春の訪れを祝う祝祭だ。移動祝祭日で，「春分の日のあとの最初の満月のあとの日曜日」（3月末〜4月末）に祝う。この日には子供たちが「復活祭の卵」を探すという風習がある。お菓子の卵などを両親らが前もって隠しておくのだが，子供たちは「復活祭のウサギ」が持ってきたと信じている（多分）。

家庭に飾られたクリスマスツリー

　ついでながら，復活祭の50日後（5月〜6月）には，聖霊降臨祭と呼ばれる祝祭日がやって来る。州によっては，学校が1，2週間の休みになるところもある。

- -

🔍 クリスマスと復活祭

ニュルンベルクのクリスマス市。伝統的なお菓子レープクーヘンも有名だ。後ろに見えるのはフラウエン教会。

Weihnachten〈クリスマス〉

写真はフランケン地方に見られる復活祭の泉。彩色した卵で飾りつけがしてある。卵，ウサギ，そして泉も生命のシンボル。

Ostern〈復活祭〉

過去形・現在完了形

§1 動詞の3基本形　　　　　☞ 練習1（52頁）

●動詞の不定詞・過去基本形・過去分詞を，**動詞の3基本形**と呼ぶ。規則動詞と不規則動詞に分けられる。

ⓐ **規則動詞**

不定詞		過去基本形 （語幹 + te）		過去分詞 （ge + 語幹 + t）
lachen	笑う	— lachte	—	gelacht
lernen	学ぶ	— lernte	—	gelernt
arbeiten	働く	— arbeitete	—	gearbeitet

✓ 口調上のe（☞6頁）

ⓑ **不規則動詞**（☞ 巻末の不規則動詞変化表を参照）

不定詞		過去基本形		過去分詞
sein	…である	— war	—	gewesen
haben	持っている	— hatte	—	gehabt
gehen	行く	— ging	—	gegangen

★辞書では単に 過去 過分 と表記することも。

●**分離動詞**は，基礎動詞部分を過去分詞にし，一語でつづる。

auf|machen　開ける　▶　過分 aufgemacht　（規則動詞）
aus|gehen　外出する　▶　過分 ausgegangen　（不規則動詞）

●**語頭にアクセントのない動詞**（非分離動詞や –ieren で終わる動詞）は，過去分詞でge- を付けない。

besuchen　[ベズーヘン]　訪問する　▶　過分 besucht　（規則動詞）
studieren　[シュトゥディーレン]　専攻する　▶　過分 studiert　（規則動詞）
vergehen　[フェアゲーエン]　過ぎる　▶　過分 vergangen　（不規則動詞）

§2 過去形　　　　　☞ 練習2（52頁）

43

●ドイツ語では，過去の事柄を表すとき，過去形と現在完了形が用いられるが，このうち**過去形**は主に新聞，小説，昔話などの書き言葉で用いられる。

●ドイツ語では過去形も人称変化する。

lachen ▶ 過去 lachte				sein ▶ 過去 war		
ich lachte	wir lachten			ich war	wir waren
du lachtest	ihr lachtet			du warst	ihr wart
er lachte	sie lachten			er war	sie waren

過去人称変化語尾			
ich	–	wir	–[e]n*
du	–st	ihr	–t
er	–	sie	–[e]n*

*過去基本形がもともと-eで終わっている場合，-eは重ねて付けない。

Lena **lachte** laut.　　　レーナは大きな声で笑った。

Die Party **war** sehr lustig.　パーティーはとても愉快だった。

🔊 §3 現在完了形

☞ 練習 3, 4 (52, 53頁)

44

● **現在完了形**は，日常会話などの<u>話し言葉で</u>用いられる。ただし，sein, haben, 助動詞などは日常会話でもふつう過去形を用いる。

● 「…した」という**完了形 (完了不定詞)** は「過去分詞＋haben (または sein)」で作る。

…し・た 過去分詞＋**haben/sein**	笑っ・た gelacht haben (◀ lachen)	学ん・だ gelernt haben (◀ lernen)	行っ・た gegangen sein (◀ gehen)

● **sein で完了形**を作るのは，<u>自動詞 (＝4格目的語を取らない動詞)</u> のうち次のもの。

　ⓐ **場所の移動**を表すもの：gehen 〈行く〉, kommen 〈来る〉 など

　ⓑ **状態の変化**を表すもの：auf|stehen 〈起きる〉, ein|schlafen 〈眠り込む〉 など

　　例外 sein 〈…である〉, bleiben 〈とどまる〉, begegnen 〈出会う〉 も sein で完了形を作る。

● 文を作る際は，完了の助動詞 (haben または sein) を人称変化させ，平叙文であれば2番目に置く。過去分詞は文末に残る。結果的に，完了の助動詞と過去分詞による枠が形成される (＝**枠構造**)。

【habenの場合】 gelacht *haben* 笑っ・た		
ich habe ... gelacht	wir haben ... gelacht
du hast ... gelacht	ihr habt ... gelacht
er hat ... gelacht	sie haben ... gelacht

レーナは ＿＿＿ パーティーで たくさん 笑っ た
Lena ＿＿＿ auf der Party viel gelacht *haben*

Lena ― hat ― auf der Party viel ― gelacht .

Hat ― Lena auf der Party viel ― gelacht ? 【疑問文】
レーナはパーティーでたくさん笑いましたか。

【seinの場合】 gegangen *sein* 行っ・た		
ich bin ... gegangen	wir sind ... gegangen
du bist ... gegangen	ihr seid ... gegangen
er ist ... gegangen	sie sind ... gegangen

マックスは ＿＿＿ 昨日 映画に 行っ た
Max ＿＿＿ gestern ins Kino gegangen *sein*

Max ― ist ― gestern ins Kino ― gegangen .

Ist ― Max gestern ins Kino ― gegangen ? 【疑問文】
マックスは昨日映画に行きましたか。

　　　✓ ドイツ語の現在完了形は，gestern 〈昨日〉 など，過去の時点を表す語句と用いることができる。

まとめ ☞ 練習 5 (53頁)

Übungen

1 動詞の3基本形を書き入れなさい。*は不規則動詞。

不定詞		過去基本形	過去分詞
kaufen	買う	_____	_____
verkaufen	売る	_____	_____ ✓語頭にアクセントなし
essen*	食べる	_____	_____
trinken*	飲む	_____	_____
kommen*	来る	_____	_____

2 動詞の過去人称変化表を完成させ，続く例文の下線部に動詞の過去形を適切な形にして入れなさい。

werden …になる ▶ 過去基本形 *wurde*

ich	_____	wir	_____
du	_____	ihr	_____
er sie es	_____	sie	_____
	Sie _____		

müssen …ねばならない ▶ 過去基本形 *musste*

ich	_____	wir	_____
du	_____	ihr	_____
er sie es	_____	sie	_____
	Sie _____		

(1) Der Himmel _____ dunkel. (werden)

(2) Weil der Bus sehr voll _____, _____ wir leider stehen. (sein, müssen)

3 現在完了形の人称変化表を完成させなさい。

essen 食べる ▶ 完了形 gegessen *haben* 食べ・た

ich	_____		wir	_____	
du	_____	… gegessen	ihr	_____	… gegessen
er sie es	_____		sie	_____	
	Sie _____ … gegessen				

auf|stehen 起きる ▶ 完了形 aufgestanden *sein* 起き・た

ich	_____		wir	_____	
du	_____	… aufgestanden	ihr	_____	… aufgestanden
er sie es	_____		sie	_____	
	Sie _____ … aufgestanden				

4　（　）内の動詞を現在完了形にして下線部に入れなさい。habenかseinかに注意すること。＊は不規則動詞。

(1)　Ute _____ gestern den ganzen Tag für die Prüfung _____. (lernen)

(2)　Ich _____ heute nur ein Brötchen _____. (essen*)

(3)　Klaus _____ heute um sechs Uhr _____. (auf|stehen*)

(4)　Laura, Kerstin und Klaus _____ zusammen nach

　　Köln _____. (fahren*)

> den ganzen Tag　一日中
> ★日時を表す名詞句を4格にすると副詞的に使うことができる（＝副詞的4格）。
> 類例：jeden Tag　毎日

5　与えられた語句を参考に，現在完了形を使ってドイツ語文を作りなさい。

(1)　ベルリンの壁は1989年11月9日に崩壊した。

> Berliner　ベルリンの（格語尾は付かない）

　　d.. Berliner Mauer / am 9. November 1989 / gefallen *sein* / .

_____

(2)　ドイツは2014年ワールドカップに勝利した。

> WM [ヴェー・エム] 女 ワールドカップ

　　Deutschland / d.. WM 2014 / gewonnen *haben* / .

_____

◇　**日付の表現**（☞75頁）

　　am 9. (neunten) November 1989 (neunzehnhundertneunundachtzig)　1989年11月9日に
　　2014 (zweitausendvierzehn)　2014年

トピック・ヨーロッパ　〜チェコ・ポーランド〜

　ドイツの東に位置するこの地域は，西部は比較的温暖だが，東部に行くほど寒さが厳しくなる。東西に開けているため，古くからさまざまな民族の移動や侵略が繰り返されてきた。現在のチェコ，ポーランドにあたる地域は，東からやって来たスラブ系の人々が祖先だ。カトリックの信者が多い。

　この地域を語るとき，かつてのナチス政権による侵略の歴史は避けて通れない。ドイツの学校では多大な時間をかけて歴史教育がなされる。第二次世界大戦後，この地域はソ連を中心とする東側の社会主義陣営に属したが，1985年のペレストロイカ（改革）以降，民主化の動きが高まり，社会主義体制は崩壊していった。ちなみに，ドイツにおけるベルリンの壁崩壊は1989年のことだ。その後は市場経済の導入が進み，両国は2004年にEUに加盟した。

プラハの天文時計（オルロイ）

　この地域では広大な平原を利用した穀物栽培が盛んだ。また，近年では工業も発達し，日本企業も多く進出している。最後に，チェコと言えばピルスナーというビールが有名だ。洗練されたすっきりとした味わいで，今や世界中で飲まれている。

1 過去形と現在完了形の使い分け（まとめ）

- 新聞，小説，昔話などの書き言葉では過去形，日常会話などの話し言葉では現在完了形。
- ただし，sein, haben, 話法の助動詞などでは，話し言葉でも主に過去形。
- 地域的な違いも。特にドイツ南部では現在完了形が好まれる傾向。

Wann **warst** du in Deutschland?　　　　いつドイツに行ったの（←いたの）。

Wann **bist** du in Deutschland **gewesen**?　（同上）

2 過去完了形

- 完了の助動詞haben/seinを過去形にした**過去完了形**は，過去のある時点よりもさらに前の出来事を表す。

Der Anruf kam, nachdem der Chef das Büro **verlassen hatte**.　　　Büro [ビュロー] 中 オフィス

その電話は上司がオフィスを去った後にかかってきた。

3 esの各種用法

- 具体的な意味を持たない**形式的な主語や目的語**として。

Es regnet.　雨が降っている。　　　　　　　　　✓ esを形式上の主語とする動詞を**非人称動詞**と呼ぶ。

- 後続する副文を先取りする**代理の主語や目的語**として。

Es ist sehr schade, dass Marco heute nicht spielt.　マルコが今日プレーしないのはとても残念だ。

- 文頭に置く適当な語句がない場合，**文頭の穴埋め**として。

Es war einmal ein König ...　昔々一人の王様がいました…。　　　　　✓ 文の主語は後ろのein König。

ヒト・クニ・コトバ　　〜ドイツをシュート!〜

ドイツのスポーツ面の見出しでよく次のような表現を見かける。
Ballack schießt Deutschland ins Finale!
（バラックがドイツを決勝へシュートする！）
日本の新聞だったら「バラックのゴールでドイツ決勝へ！」といった感じだろうか。ドイツ語では，「主語＋動詞＋目的語＋前置詞句」という構文を用いて，一連の出来事を1つの文で表現している。前置詞の代わりに形容詞が用いられることもある。次は『ELLE』という女性誌に載っていた例だ。

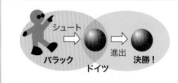

バラックがドイツを決勝へシュート！

Essen Sie sich jung.（あなた自身を若く食べてください。）
こちらも日本語にするとしたら「食べて，そして若くなってください」のように訳し方を工夫しなければならない。
　ドイツ語の構文で表現されているのは，「ある人がある行為をして，その結果ある対象が…に至る／…になる」ということ。このように分析的に考えてみると，ドイツ語では，2つの事柄が1つの文にまとめられていることが分かる。同じことが日本語では難しいということだ。
　ただし日本語でも，部分的にこの種の表現が可能なことがある。「テーブルをきれいにふく」などだ。そうすると，日本語では言える場合と言えない場合があることになるが，その違いはどこにあるのだろうか。スペースがなくなってしまった。また次回。

Lektion 10 : Da wird eine neue Brücke gebaut.
あそこに新しい橋が作られる

Frau Becker : Was ist da los?

Herr Fischer : Da wird eine neue Brücke gebaut.

Frau Becker : Oh, das ist ja gut!

トピック・ドイツ　〜ドイツの経済と産業〜

　現在のドイツは，ヨーロッパ経済をけん引する重要な位置を占めている。ユーロの発行元であるヨーロッパ中央銀行もドイツのフランクフルトに置かれている。

　しかしながら，戦後，経済復興を遂げていく過程ではいくつかの転機もあった。労働力不足が顕著になった1960年代，旧西ドイツでは，トルコなどから外国人労働者を積極的に受け入れた。また，旧東西ドイツが再統一された1990年以降，東部の経済を立て直すために多額の予算が投入され，ドイツ経済は一時期停滞した。

　ドイツはヨーロッパ最大の工業国でもある。よく知られているのはルール工業地域だろう。ただし，重工業の衰退に伴い，現在のドイツの主要な工業は，自動車，医薬品，精密機械などに移行している。自動車産業では，メルセデス・ベンツで有名なダイムラー，BMW，フォルクスワーゲン，医薬品ではバイエル，電子機器ではシーメンスなど，世界的なメーカーが数多く存在する。

ヨーロッパ中央銀行
（フランクフルト）

🔍 軌跡

Berliner Mauer 〈ベルリンの壁〉

かつてここには壁があった。プレートに1961-1989の文字が見える。ドイツ再統一は1990年。

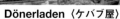

Dönerladen 〈ケバブ屋〉

トルコのケバブ屋はどの町にもあり，とても人気がある。ちなみにドイツでいちばん多い外国人はトルコ人だ。

受動態

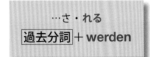 **§1　受動態**　　　　　　　☞ 練習 1, 2, 3 (58, 59頁)

46
● 「…される」という**受動形（受動不定詞）**は「過去分詞＋werden」で作る。

…さ・れる 過去分詞＋werden	建て・られる gebaut werden （◀ bauen 建てる）	ほめ・られる gelobt werden （◀ loben ほめる）	修理さ・れる repariert werden （◀ reparieren 修理する）

● 文を作る際は，受動の助動詞（werden）を人称変化させ，平叙文であれば2番目に置く。過去分詞は文末に残る。結果的に，受動の助動詞と過去分詞による枠が形成される（＝**枠構造**）。

	あそこに	_____	新しい橋が	建て	られる	（作られる）
	da	_____	eine neue Brücke	gebaut	*werden*	

Da	wird	eine neue Brücke	gebaut	.

Wird	da eine neue Brücke	gebaut	?【疑問文】

あそこに新しい橋が作られるのですか。

【現在形】gelobt *werden* ほめ・られる				【過去形】gelobt *wurde* ほめ・られた		
ich **werde** ... gelobt	wir **werden** ... gelobt			ich **wurde** ... gelobt	wir **wurden** ... gelobt	
du **wirst** ... gelobt	ihr **werdet** ... gelobt			du **wurdest** ... gelobt	ihr **wurdet** ... gelobt	
er **wird** ... gelobt	sie **werden** ... gelobt			er **wurde** ... gelobt	sie **wurden** ... gelobt	

● 受動態の現在完了形はseinで作る。受動の助動詞werdenの過去分詞がwordenとなることに注意。

【現在完了形】gelobt worden *sein* ほめ・られ・た	
ich **bin** ... gelobt worden	wir **sind** ... gelobt worden
du **bist** ... gelobt worden	ihr **seid** ... gelobt worden
er **ist** ... gelobt worden	sie **sind** ... gelobt worden

✓ 過去形と現在完了形に大きな意味の違いはないが，現在完了形では特に結果が含意されることがある。

● ドイツ語の受動態では主語（1格名詞句）は必ずしも必要ない。主語がない場合，動詞は3人称単数の形を取る。**非人称受動**と呼ばれる。

In Japan **wird** lange **gearbeitet.** 日本では長く働かれる（働く時間が長い）。

● 文頭に置く適当な語句がない場合，文頭の穴埋めとしてesを用いる（＝**穴埋めのes**）。このesは文頭以外では用いられない（☞54頁）。

Es wird lange gearbeitet.　長く働かれる（働く時間が長い）。

🔊 §2　状態受動
47

☞ 練習4 (59頁)

● 「…されている（…された状態である）」という結果状態を表す場合は，「過去分詞＋sein」という形式を用いる。**状態受動**と呼ばれる。

Der neue Supermarkt **ist** seit gestern **geöffnet**.

新しいスーパーは昨日から開いている（開かれた状態である）。

> seit gestern　昨日から
> *geöffnet* < öffnen　開く
> ★口調上のeを入れる。

✓ 状態受動は結果状態の継続を表して「…されている」の意。過程の継続を表して「…されている」という場合はwerdenを使う。
　In Japan **wird** viel Fisch **gegessen**. 日本ではたくさん魚が食べられている。

> ★vielを 物質名詞・抽象名詞など単数名詞と用いる場合，ふつう格語尾は付けない。ここのviel Fischは「魚料理」（集合的）で単数扱い。

🔊 §3　能動態と受動態
48

● werdenによる受動態で1格主語になることができるのは，能動態の4格目的語のみ。

● 「…によって」は「von＋〈人〉」や「durch＋〈物・事〉」などで表現する。

4格

Felix schenkt dem Kind **einen Fußball**.　フェーリックスはその子にサッカーボールを贈る。

Dem Kind wird [von Felix] **ein Fußball** geschenkt.　その子に［フェーリックスから］サッカーボールが贈られる。

1格

🔊 §4　受動態の機能
49

● ドイツ語の受動態の重要な機能として，行為者を表現の中心からはずすということがある。その結果，出来事が表現の中心になり，しばしば「…が行われる」「…がある」という日本語に近くなる。

In Japan **werden** viele Überstunden **gemacht**.　日本は残業が多い（←たくさん残業が行われる）。

● 日本語の「れる・られる」とはニュアンスがだいぶ異なることに注意。

Zuerst **werden** die Kartoffeln **gekocht**.　まずジャガイモをゆでます（←ジャガイモがゆでられます）。

Jetzt **wird gearbeitet**!　さあ仕事だ！（←今から働かれる）

まとめ ☞ 練習5 (59頁)

1 次の動詞の受動形 (受動不定詞) を作りなさい。＊は不規則動詞。

例　wählen 選ぶ　▶　**gewählt werden** 選ばれる

(1)　schließen＊ 閉める　▶　＿＿＿＿＿＿＿＿＿＿＿＿＿＿＿　閉められる

(2)　senden 放送する　▶　＿＿＿＿＿＿＿＿＿＿＿＿＿＿＿　放送される　✓口調上のe

(3)　trennen 分ける　▶　＿＿＿＿＿＿＿＿＿＿＿＿＿＿＿　分けられる

(4)　untersuchen 調べる　▶　＿＿＿＿＿＿＿＿＿＿＿＿＿＿＿　調べられる

　　　　　　　　　　　　　　　　　　　　　　　　　　　　✓語頭にアクセントなし

2 受動形の人称変化表を完成させなさい。

【現在形】gewählt *werden* 選ば・**れる**

ich	＿＿＿＿＿＿	} ... gewählt	wir	＿＿＿＿＿＿	} ... gewählt
du	＿＿＿＿＿＿		ihr	＿＿＿＿＿＿	
er sie es	＿＿＿＿＿＿		sie	＿＿＿＿＿＿	

Sie ＿＿＿＿＿＿ ... gewählt

【過去形】gewählt *wurde* 選ば・**れた**

ich	＿＿＿＿＿＿	} ... gewählt	wir	＿＿＿＿＿＿	} ... gewählt
du	＿＿＿＿＿＿		ihr	＿＿＿＿＿＿	
er sie es	＿＿＿＿＿＿		sie	＿＿＿＿＿＿	

Sie ＿＿＿＿＿＿ ... gewählt

3 (　　) 内の受動形を適切な形にして下線部に入れ，受動文を作りなさい。

(1)　Dieses chinesische Restaurant ＿＿＿＿＿＿ seit je von Familie Wang

　　＿＿＿＿＿＿＿＿＿＿. (geführt *werden*)

> seit je 昔から
> von Familie Wang ワンさん一家によって

(2)　Mädchen und Jungen ＿＿＿＿＿＿ in diesem Wohnheim strikt

　　＿＿＿＿＿＿＿＿＿＿. (getrennt *werden*)

(3) An der Universität _____ _____. (geforscht *werden*)

(4) Die Ursache des Unfalls _____ von der Polizei _____.

   (untersucht *wurde*；過去形で)

4 （ ）内の受動形を適切な形にして下線部に入れ, 状態受動（現在形）の文を作りなさい。

(1) In Deutschland _____ die Geschäfte sonntags _____.

   (geschlossen *sein*)

(2) Am Freitag _____ ich zur Geburtstagsparty von meiner Großmutter

   _____. (eingeladen *sein*)

5 与えられた語句を参考に, 受動態を使ってドイツ語文を作りなさい。

(1) 今晩テレビで日本の映画が放映される。

   heute Abend / im Fernsehen / *e.. japanisch..* Film / gesendet *werden* / .

   _____

(2) ベルリンの壁は1961年8月13日に作られた。

   d.. Berliner Mauer / am 13. August 1961 / gebaut *wurde*（過去形で）/ .

   _____

トピック・ヨーロッパ　～スイス～

　スイスは，南北をドイツやイタリアに挟まれた内陸国。国土面積は九州とほぼ同じだ。ドイツ語，フランス語，イタリア語，ロマンシュ語の4言語を公用語とし，標識などは原則として複数の言語で表記される。硬貨や切手など，国名をすべての言語で表記できない場合は，Helvetia（ヘルヴェティア）というラテン語が用いられる。正式名称は「スイス連邦」（Confoederatio Helvetica）で，スイスを指して用いられるCHはこの略。

　古い時代から，紛争などに対し中立政策を取ってきた。現在は国家として永世中立が認められており，ジュネーブには国連の関連機関が置かれている。一方で，自ら国を守る必要があるため，軍隊を備えており，兵役義務もある。

　首都はベルン。ただし最大の町はチューリッヒで，商業・金融業の中心を担う。ドイツやフランスとの国境に近いバーゼルは，製薬業の世界的な中心だ。

スイスフラン硬貨

そのほか，アルプスの水力発電を利用した工業も発達している。時計をはじめとした機械工業を思い浮かべる人も多いだろう。山岳部では酪農が盛んで，特にチーズは有名だ。食品工業も重要な産業の1つ。

1 bekommen受動

- bekommen（またはkriegen, erhalten）を助動詞のように用い，能動文の3格目的語を1格主語にする受動形式がある。**bekommen受動**と呼ばれる。一般に口語的であるとされる。

1格

Das Kind **bekommt** [von Felix] einen Fußball **geschenkt**.

その子は［フェーリックスから］サッカーボールを贈られる。

参考 Felix schenkt dem Kind einen Fußball. フェーリックスはその子にサッカーボールを贈る。

3格

2 語順：動詞の連続

- 動詞・助動詞が連続する複雑な語順も，これまでと同様に考えればよい。原則として語句を日本語と同じ順序に並べ，いちばん最後に来た動詞を人称変化させ，平叙文であれば2番目に置く。

その車は		今日のうちに	修理さ	れ	なければならない
Das Auto		heute noch	repariert	werden	*müssen*

Das Auto **muss** heute noch **repariert werden**.

3 無主語文

- 非人称受動（☞56頁）以外でも，主観的な感覚などを表す場合，1格主語のない構文が用いられることがある。

Mir ist kalt. 私は寒い。　　参考 Es ist kalt. 寒い（気温が低い）。

ヒト・クニ・コトバ　　～恋人に逃げられた～

恋人に逃げられた?!

　前回は，ドイツ語で「行為＋結果」を表す構文が広く使われていることを紹介した。一見ばらばらの2つの事柄を，1つの文のもとにまとめてしまうという構文だ。確かに日本語でも「テーブルをきれいにふく」などと言うことができる。しかし考えてみると，この場合2つの事柄（「テーブルをふく」＋「テーブルがきれいになる」）はそれほどかけ離れてはいない。つまり，テーブルをふけば，ふつうテーブルはきれいになる。日本語でも，限られた範囲でならこの種の表現が可能だということだ。

　さて，話は変わって，日本語に特徴的な構文というのはないだろうか。次は日本語の受け身文だ。

「みつるくん，恋人はいないの？」「こうなったら，突然逃げられた」

よしもとばななの『ハゴロモ』という作品からの例。「（僕は）（恋人に）逃げられた」という受け身の文だが，実はいろいろと不思議なところがある。まず，対応する能動文がなかなか想像できない（恋人が僕を逃げた？！）。意味もちょっと不思議だ。「ある出来事（ここでは，恋人が逃げた）があって，さらにそれを当事者が困ったことだと感じている」とでも説明すればいいだろうか。

　せっかくなのでドイツ語訳も見ておこう。予想できるとおり直訳は不可能だ。能動文を使って意訳されている。今回はここまで。また次回。

„Mitsuru, hast du keine Freundin?" „Hatte ich schon. Naja, als das Unglück geschah, wollte sie plötzlich nichts mehr von mir wissen."（「みつる，恋人はいないの？」「いたよ。でも事故が起きたとき，彼女は僕と関わろうとしなくなったんだ。」）

Lektion 11

Die Katze, die auf dem Sofa schläft, heißt Luna.
ソファーで眠っている猫はルーナという名前だ

🔊 50

Andrea : Hallo, Paul! Komm herein!

Paul : Hallo, Andrea!

Andrea : Darf ich dir meine Familie

vorstellen?

Die Katze, die auf dem Sofa

schläft, heißt Luna.

トピック・ドイツ　～ドイツの住まいと町並み～

　ドイツの町を歩いていると，古い建物が多いことに驚く。住まいも同じだ。長い年月を越え，改修を重ねながら保全されている。ただし，外観から受ける印象とは異なり，内側は近代的な状態に改装されていることが多い。また，町の中では看板がほとんど見られず，建物の色やデザインも調和がとれている。実はこのための法整備も進んでいて，簡単に看板や広告を出すことはできない。歩道や自転車道が整備されているのも特徴的だ。

　旧市街地はアルトシュタットと呼ばれる。石畳の路地や広場，木組みの家並みなど，歴史的な町並みが残されている。中世からの城壁が保存されている場合もある。日本では想像し難いが，市街地ではしばしば自動車の乗り入れが禁止されている。町の中心にはふつうマルクト広場と呼ばれる市の立つ広場がある。広場に面して教会や市庁舎が立っていることも多い。

バンベルクの町並み

🔍 歴史的な町並み

Marktplatz 〈マルクト広場〉

写真はマインツのマルクト広場。この日は朝から市が開かれていた。後ろに見えるのはマインツの大聖堂。

Fachwerkhäuser 〈ファッハヴェルクの家〉

文化財の保護も重要だと考えられている。ファッハヴェルクと呼ばれる木組みの家もその1つだ。写真はニュルンベルク。

関係文

🔊 §1 定関係代名詞
51

☞練習1（64頁）

●**定関係代名詞**は特定の名詞（＝**先行詞**）に**関係文**を結びつける役割を持つ。性・数・格に応じて次のように変化する。

	男性	女性	中性	複数
1格	der	die	das	die
2格	dessen	deren	dessen	deren
3格	dem	der	dem	denen
4格	den	die	das	die

🔊 §2 関係文
52

☞ 練習2, 3（64頁）

●定関係代名詞の**性・数**は，先行詞の性・数に一致する。**格**は関係文中での役割に応じて決まる。

●関係文では，関係代名詞を文頭に，**定動詞を文末**に置く（関係文も副文の一種）。

die Katze, **die** auf dem Sofa **schläft**　ソファーで眠っている猫
（女）　　　　　**1格** ＝主語（その猫はソファーで眠っている）

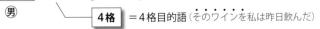
das Mädchen, **dem** ich die Pralinen geschenkt **habe**　私がプラリネをプレゼントした女の子
（中）　　　　　**3格** ＝3格目的語（その女の子に私はプラリネをプレゼントした）

der Wein, **den** ich gestern getrunken **habe**　私が昨日飲んだワイン
（男）　　　　**4格** ＝4格目的語（そのワインを私は昨日飲んだ）

●主文と関係文の間は必ずコンマで区切る。

▶ Die Katze, **die** auf dem Sofa **schläft**, heißt Luna.　ソファーで眠っている猫はルーナという名前だ。

●関係代名詞を前置詞とともに用いる場合，「**前置詞＋関係代名詞**」の形で関係文の最初に置く。格は前置詞の格支配に応じて決まる。

die Frau, **mit der** Niklas gerade spricht　ニクラスが今話をしている女性
（女）　　　　　**3格** ＊前置詞mitは3格支配（その女性とニクラスは今話をしている）

●関係代名詞の2格（英whose）は，「**関係代名詞2格＋名詞**」の形で関係文の最初に置く。その際，名詞に冠詞は付かない。関係代名詞の性・数は，先行詞の性・数に一致する。

die Kinder, **deren Eltern** anwesend sind　両親が出席している子供たち
（複）　　　　　**2格** ＊derenはElternにかかる2格（その子供たちの両親は出席している）

◀)) §3 不定関係代名詞 ☞ 練習 4 (65頁)

53

● **不定関係代名詞 wer**〈…する人〉と **was**〈…すること・もの〉は，特定の先行詞なしで用いられる。ただし，was はしばしば das, alles, etwas, nichts などを先行詞としても用いられる。

Wer von Ihnen Vegetarier ist, sagt mir nachher bitte Bescheid.

あなたたちのうちベジタリアンの人はあとで私までお知らせください。

Das ist **etwas, was** ich gar nicht mag.

それは私がまったく好まないことだ。

> Vegetarier [ヴェゲターリアー]
> 男 ベジタリアン
> Bescheid sagen （…³に）知
> らせる
> ★「…の人は…してください」と
> 言いたい場合，wer による関
> 係文を用い，次にそのまま動
> 詞の定形を続ければよい。

◀)) §4 関係副詞

54

● 先行詞が場所の場合，**関係副詞 wo** が用いられることがある。

das Café, **wo** (= in dem) wir uns immer treffen 私たちがいつも会う喫茶店

◀)) §5 指示代名詞

55

● その場にある物を直接指すのに，der, die, das が用いられることがある。**指示代名詞**と呼ばれる。

Wem gehört dieser Schal? – **Der** gehört Renate. このマフラーは誰の？ － それはレナーテのだよ。

● 指示代名詞は，関係代名詞と似た格変化をする。ただし，平叙文では定動詞第2位。

	男性	女性	中性	複数
1 格	der	die	das	die
2 格	dessen	deren	dessen	deren / derer
3 格	dem	der	dem	denen
4 格	den	die	das	die

✓ derer は関係代名詞の先行詞として
　用いられる。

✓ 指示代名詞 der, die は人を指して用いられることもあるが，指差しと同じで，失礼になることがあるので注意すること。日本語の「こいつ，あいつ」などに相当すると考えてよい。

Den kann ich nicht leiden. あいつは嫌いだ。

> 4格 + nicht leiden können
> …⁴が我慢できない，嫌いだ

まとめ ☞ 練習 5 (65頁)

1　定関係代名詞の格変化表を完成させなさい。

【定関係代名詞】

	男	女	中	複
1格	der	die	das	die
2格	_____	_____	_____	_____
3格	_____	_____	_____	_____
4格	_____	_____	_____	_____

2　下線部に適切な関係代名詞を入れなさい。

läuft < laufen（ラジオで）流れている

(1)　Der Lehrer, _____ Deutsch unterrichtet, ist sehr nett.

(2)　Das Lied, _____ gerade im Radio läuft, gefällt mir sehr gut.

(3)　Wo ist die Jacke, _____ du gestern gekauft hast?

(4)　Das Kind, _____ ich einen Fußball geschenkt habe, heißt Michael.

3　例にならって「前置詞＋関係代名詞」または「関係代名詞2格＋名詞」による関係文を作りなさい。

例　Die Frau, **mit** ___*der*___ Niklas gerade spricht, ist meine Schwester.
ニクラスが今話をしている女性は私の姉（妹）だ。

例　Die Kinder, ___*deren*___ Eltern anwesend sind, sind sehr nervös.
両親が出席している子供たちはとてもナーバスになっている。

(1)　Das Haus, **in** _____ wir wohnen, gehört meinen Eltern.

(2)　Die Reise, **an** _____ ich mich so gerne erinnere, war nicht billig.

(3)　Herr Schäfer, _____ Auto kaputt ist, fährt heute mit dem Fahrrad.

(4)　Deutsch ist eine Sprache, _____ Grammatik ein bisschen kompliziert ist.

ein bisschen　少し

4 下線部に不定関係代名詞wer，wasのうち適切なものを入れ，日本語に相当するドイツ語文を作りなさい。

(1) ズザンネは自分のやりたいことを知っている。

Susanne weiß, _____ sie will.

(2) まだ質問のある人はあとで私の研究室へ来て構いません。

_____ noch Fragen hat, kann später in mein Büro kommen.

5 与えられた2つの文を関係代名詞でつなげてドイツ語文を作りなさい。下線部の語句を先行詞にすること。

(1) ここに住んでいる若い女性はとても金持ちだ。

Die junge Frau ist sehr reich. / Die junge Frau wohnt hier.

Die junge Frau, _____

(2) 湖畔で食べたアイスクリームはとてもおいしかった。

Das Eis war sehr lecker. / Das Eis habe ich am See gegessen.

Das Eis, _____

(3) フィーリップがいっしょに散歩している犬はとても大きい。

Der Hund ist sehr groß. / Mit dem Hund geht Philipp spazieren.

Der Hund, _____

> spazieren gehen　散歩する

トピック・ヨーロッパ　〜オーストリア〜

ザッハトルテ

　ヨーロッパの名門ハプスブルク家のもと，独自の文化が育まれてきた。シェーンブルン宮殿など，華やかな宮廷文化を連想する人も多いだろう。「音楽の都」と呼ばれる首都ウィーンは，ウィーンフィルやウィーン少年合唱団の拠点でもある。もちろんザッハトルテなどのケーキやお菓子も人気だ。

　正式名称はオーストリア共和国（Republik Österreich）。国土面積は北海道と同じくらいだが，全体の3分の2を高地が占める。公用語はドイツ語。永世中立国だがEUに加盟している点がスイスと異なる。

　山岳地域では酪農などの牧畜業が行われている。低地の東部では，小麦などの穀物，ブドウなどの果樹や野菜が栽培され，有機農業が普及している。ちなみに，オーストリアではビールよりもワインが好んで飲まれる傾向にあり，有機栽培のブドウで作られた白ワインは人気が高い。産業は下請けを中心に，自動車産業などが盛んだ。もちろんウィーン，ザルツブルク，チロル地方などの観光業も重要な産業となっている。

1 指示代名詞の各種用法

- 指示代名詞 der, die, das は，文章中で用いられて直前の男性名詞・女性名詞・中性名詞を指すこともある。

   Peter traf Hans. **Der** trug eine Gans. ペーターはハンスに出会いました。ハンスはガチョウをかかえていました。

   ✓ ここで er を使うと Peter を指しているのか Hans を指しているのかあいまいになる。

2 指示冠詞 der, die, das

- 名詞の前に置かれた定冠詞 der, die, das も，アクセントが置かれることによって指示性を持つ（この場合 dieser, diese, dieses とほぼ同じ機能）。

   Die Frau kenne ich. その女性なら知っている。

3 指示冠詞 dieser (der) の注意点

- ドイツ語で遠くのものを指して「あの…」と言いたい場合，話し言葉では dieser（または指示冠詞 der）を用いる。つまり，距離に応じた使い分けはない。

   dieser Berg dort / **der** Berg dort あそこのあの山

- ただし書き言葉では jener〈あの〉という語が用いられることもある。

   zu **jener** Zeit あの当時

ヒト・クニ・コトバ　　　　**～感じる心～**

　前回は，「恋人に逃げられた」という日本語の受け身文を取り上げた。この例では，「逃げる」という自動詞から受け身が作られているのが特徴的だが，自動詞の受動文ならドイツ語でも可能だ（☞56頁）。ポイントは，ドイツ語では出来事だけが中立的に表現されるのに対し，日本語では当事者への被害的影響という主観的な要素（「トホホ」という気持ち）が入り込んでいるという点だ。

「感覚」と「行為」

　ついでながら，「…される」ではなく，「…してもらう」を使うと，今度は当事者が恩恵を受けている感じになる（「リンゴを食べられた」vs.「リンゴを食べてもらった」）。まとめると，日本語では「出来事＋（主観的）影響」を表現する構文が定着しているということになる。
　ところで，がんばって探せばドイツ語にも似たような表現を見つけることができる。次は本書でも紹介しているbekommen受動（☞60頁）を使った例。
　Man bekommt den Schlips unversehens abgeschnitten.（人はネクタイをいきなり切り取られる。）
いちおう実例だが（Grzimek/Grzimek 1959），かなり周辺的な，特殊な例だ。
　さて，数回にわたってドイツ語の「行為＋結果」構文と日本語の「出来事＋影響」構文を見てきた。一見関わりのなさそうな2つの構文だが，両者は，「人」が「事柄」とどのように関係づけられるのかという点でとても対照的だ。日本語の方は，「感覚する人間」を中心に，その主体的な感じ取り方を取り込むという方向で構文が拡張されているのに対し，ドイツ語の方は，「行為する人間」を中心に，その行為の結果を取り込むという方向で構文が拡張されている。では次回はいよいよ最終回。

Lektion 12

Wenn Emily eine Königin wäre, würde sie jeden Tag Kuchen essen.

もしエミリーが女王様だったら，毎日ケーキを食べるでしょう

🔊 56

Luca : Emily, wollen wir jetzt Kuchen essen gehen?

Emily : Nein, jetzt habe ich dafür weder

Zeit noch Geld.

Ach, wenn ich eine Königin wäre,

würde ich jeden Tag Kuchen essen.

トピック・ドイツ　〜ドイツの音楽・文学〜

　ドイツの音楽や文学が好きという人もいるだろう。ドイツでは，これまでにバッハ，ベートーベン，ブラームスらをはじめとする偉大な音楽家を輩出してきた。ドイツ語圏ということで言えば，モーツァルトやシューベルトらもいる（ともにオーストリア）。ベルリンフィルなどのオーケストラは，現在，世界的に活動している。

　文学では，ゲーテ（『ファウスト』）やヘッセ（『車輪の下』）らがいる。『変身』で知られるカフカはプラハ生まれのドイツ語作家だ。ケストナー（『飛ぶ教室』）やエンデ（『モモ』）など，児童文学にも有名な作家が多い。グリム童話も忘れてはならない。グリム兄弟が収集した童話集は，「ブレーメンの音楽隊」など，全200話を収めている。

ブレーメンの音楽隊の像…の影

　ほかに，カントやヴィトゲンシュタインなどの哲学，シーボルト（オランダ人を装い長崎から入国した）の医学を思い浮かべる人もいよう。伊藤博文，森鴎外ら，ドイツに学んだ先人は多い。

● ●

🔍 ロマンティック街道

Rothenburg 〈ローテンブルク〉

中世の面影を残す魅力あふれる町。町を囲む城壁も残っている。ドイツ南部，ロマンティック街道沿いにある。

Schloss Neuschwanstein
〈ノイシュヴァンシュタイン城〉

ロマンティック街道の終着点フュッセンの山あいにある。ルートヴィヒ2世により19世紀末に建てられた。

接続法

§1 接続法

● ドイツ語の動詞には**接続法**と呼ばれる形があり，事柄をどのように叙述したいのかという話し手の判断に応じて使い分けられる。これまで学んできた動詞の形は，接続法に対し**直説法**と呼ばれる。

● 接続法には**第1式・第2式**と呼ばれる2つの形がある。形の上では，それぞれ現在形・過去形に準じるものと考えてよい。主に次のように使われる。

接続法第1式（現在形に準じる）────── **要求話法**

間接話法（ふつう第1式）

接続法第2式（過去形に準じる）────── **非現実話法**

§2 接続法語尾

☞ 練習 1, 2（70頁）

● 接続法は動詞の語幹に**接続法語尾**を付けて作る。sein はやや不規則。

【第1式】

gehen 行く			
ich	gehe	wir	gehen
du	gehest	ihr	gehet
er	gehe	sie	gehen

sein（やや不規則）			
ich	sei	wir	seien
du	sei[e]st	ihr	seiet
er	sei	sie	seien

接続法語尾			
ich	–e	wir	–en
du	–est	ihr	–et
er	–e	sie	–en

● 第2式は過去基本形に語尾を付けるが，不規則動詞の場合，ウムラウト可能なものはウムラウトさせる。また，過去基本形がもともと –e で終わっている場合，–e は重ねて付けない。

【第2式】

sein（過去 war）			
ich	wäre	wir	wären
du	wär[e]st*	ihr	wär[e]t*
er	wäre	sie	wären

haben（過去 hatte）			
ich	hätte	wir	hätten
du	hättest	ihr	hättet
er	hätte	sie	hätten

werden（過去 wurde）			
ich	würde	wir	würden
du	würdest	ihr	würdet
er	würde	sie	würden

*特に口語でeが落ちることがある。

● 第2式でよく用いられる動詞は限られているため，ich のときの形を直接覚えておくとよい。

sein ▶ **wäre**　　haben ▶ **hätte**　　werden ▶ **würde**

【話法の助動詞】　dürfen ▶ **dürfte**　　können ▶ **könnte**　　mögen ▶ **möchte**

müssen ▶ **müsste**　　sollen ▶ **sollte**　　wollen ▶ **wollte**

■)) **§3 接続法第1式：要求話法**
57

●接続法第1式はまず，「…せよ，…せんことを」のように，3人称主語に対する話し手の要求・願望を述べる場合に用いられる（＝**要求話法**）。使用は，料理のレシピ，機械の説明書など，書き言葉に限られる。

Man **nehme** 200 g Zucker. 砂糖200グラムを使うこと。

> 200 ＝ zweihundert
> g［グラム］＝Gramm

■)) **§4 接続法第1式（第2式）：間接話法** ☞ 練習3（70頁）
58

●接続法1式はまた，「…と言っている，…とのこと」のように，人の言葉を紹介的に述べる場合に用いられる（＝**間接話法**）。使用は，新聞，小説など，書き言葉に限られる（話し言葉では直説法を使う）。

Herr Weber sagt, { er **gehe** nicht auf die Party.
dass er nicht auf die Party **gehe**.

ヴェーバー氏はパーティーに行かないと言っている。

✓ 接続詞は用いる場合と用いない場合がある（☞18頁）。

参考 Herr Weber sagt: „Ich gehe nicht auf die Party." 【直接話法】

●間接話法では接続法第2式が用いられることもある。特に第1式が直説法と同形になる場合など。

Herr und Frau Wagner sagen, sie **hätten** kein Auto. ヴァーグナー夫妻は車を持っていないと言っている。
✓ ここで第1式を使うとhabenとなり，直説法と区別が付かない。

■)) **§5 接続法第2式：非現実話法** ☞ 練習4（71頁）
59

●接続法第2式は，「もし…だったら，…だろうに」のように，ある事柄を現実でないものとして述べる場合に用いられる（＝**非現実話法**）。

Wenn ich mehr Zeit **hätte, könnte** ich mehr Sport machen.
もしもっと時間があったら，もっとスポーツができるのに。

●sein, haben, 話法の助動詞以外の動詞は，ふつう **würde**〈…だろう〉と組み合わせて用いる。

Wenn ich eine Königin **wäre, würde** ich jeden Tag Kuchen **essen**.
もし私が女王様だったら，毎日ケーキを食べるのに。

Was **würdest** du **machen**, wenn du mehr Zeit **hättest**?
もしもっと時間があったら，君は何をしますか。

まとめ ☞ 練習5（71頁）

1 接続法第1式・第2式の人称変化表を完成させなさい。seinは一部不規則なので注意すること。

【第1式】

sein …である		
ich ___*sei*___	wir _____	
du _____	ihr _____	
er sie _____ es	sie _____	
Sie _____		

haben 持っている		
ich ___*habe*___	wir _____	
du _____	ihr _____	
er sie _____ es	sie _____	
Sie _____		

㊟ seiはduでeが省かれることがある：du sei[e]st

【第2式】

sein …である		
ich ___*wäre*___	wir _____	
du _____	ihr _____	
er sie _____ es	sie _____	
Sie _____		

haben 持っている		
ich ___*hätte*___	wir _____	
du _____	ihr _____	
er sie _____ es	sie _____	
Sie _____		

㊟ wäreはduとihrでeが省かれることがある：du wär[e]st, ihr wär[e]t

2 次の動詞の接続法第2式の形 (ichのときの形) を書きなさい。

例　sein ▶ ___*wäre*___　　　haben ▶ ___*hätte*___

(1) werden ▶ _____　　(3) müssen ▶ _____

(2) können ▶ _____　　(4) mögen ▶ _____

3 接続法第1式を用いて次の文を間接話法に書き換えなさい。

(1) Prof. Bauer behauptet: „Ich bin krank.“

　　→ Prof. Bauer behauptet, er _____.

(2) Die Chefin erklärt immer wieder: „Ich habe nichts gehört.“

　　→ Die Chefin erklärt immer wieder, sie _____.

4 （　　）内の動詞を接続法第2式にして下線部に入れなさい。sein, haben, 話法の助動詞以外の動詞はwürdeと組み合わせること。

(1) Wenn ich ein Vogel ＿＿＿＿＿＿ , ＿＿＿＿＿＿ ich zu dir ＿＿＿＿＿＿ . (sein, fliegen)

(2) Was ＿＿＿＿＿＿ Sie an unserer Stelle ＿＿＿＿＿＿ ? (tun)

(3) Ohne dich ＿＿＿＿＿＿ ich nicht mehr leben! (können)

> an unserer Stelle　私たちの立場だったら
> ohne dich　君なしでは

5 与えられた語句を参考に，接続法第2式を使ってドイツ語文を作りなさい。

(1) もっとお金があったら，貧しい子供たちを助けるのに。

wenn / ich / mehr Geld / *hätte* / , / ich / *arm.. Kinder..* / helfen *würde* / .

(2) もし良い天気だったら，散歩に出かけるのに。

wenn / schönes Wetter / *wäre* / , / ich / gerne / spazieren gehen *würde* / .

トピック・ヨーロッパ　〜リヒテンシュタイン〜

　ドイツ語圏の国として教科書などでは必ず紹介されるが，詳しく取り上げられることは少ない。スイスとオーストリアの間に位置し，大きさは日本の小豆島ほど。独立国としては世界で6番目に小さい。人口はおよそ4万。国民の多くはカトリック信者だ。首都はファドゥーツ。

　もともとオーストリアのハプスブルク家に仕えていたリヒテンシュタイン家によって築かれた国で，正式名称はリヒテンシュタイン公国（Fürstentum Liechtenstein）。スイスやオーストリアとの結びつきが強く，通貨はスイス・フラン。永世中立を宣言し，軍隊は保有していない。

ファドゥーツ城

　リヒテンシュタインは切手の発行で有名だ。収集家の間でも人気が高く，重要な外貨獲得手段となっている。主要産業は，ほかに精密機械などの製造業，牧畜，観光など。タックス・ヘイブン（租税回避地）としても知られ，外国企業が集中，金融業も発達している。余談ながら，UEFA（欧州サッカー連盟）に加盟しているが，プロサッカーリーグは存在せず，国内のクラブはスイスのリーグに参加している。

1 接続法の各種用法

● 接続法第2式により「もし可能なら…」という遠慮がちな感じを伝えることができる。

Könnten Sie mir bitte das Buch reichen?　その本を取っていただけませんか。

● 接続法第2式と gern[e] の組み合わせで願望を表す。
Ich **würde gerne** ins Ausland reisen.　私は外国に旅行してみたい。
Ich **hätte gerne** einen kleinen Salat.　小さなサラダをください。

● wenn 文のみの用法。

Wenn du doch hier bei mir **wärst**.　君がここで僕のそばにいたらなあ。

> doch（接続法第2式と）
> …だったらなあ

● ふつう接続法第2式と用いられる慣用表現。

Ich fühlte mich, **als ob** ich auf einer Wolke **wäre**.　私はまるで雲の上にいるように感じた。

2 接続詞を用いない条件文

● 「…だったら」という条件文で, wenn を使わずに定動詞を文頭に置く場合がある。ただし文語的。

Hätte Herr Wolf Freunde, wäre er nicht so einsam.

　友達がいたらヴォルフさんはそんなに寂しくないだろうに。

3 接続法と時間関係

● 接続法で過去のことを表現する場合, 完了形を用い, 定動詞部分を接続法にする。

Wenn ich Zeit **gehabt hätte**, **wäre** ich auf die Party **gegangen**.

　時間があったら私はパーティーに行っていただろう。

ヒト・クニ・コトバ　　～訪れる女性?～

「鶴女房」（日本昔話）と「からす」（グリム童話）

	起	承	転	結
鶴女房	女が男を訪ねる	女性のプロポーズにより結婚	女の仕事（男の妨害）	女の本性が露見し離婚
からす	男がからすに会う	からすは自分の本性を告げ, 救済を依頼	男の仕事（女の援助）	男の仕事の成就により結婚

（河合隼雄『昔話と日本人の心』より）

　心理学者の河合隼雄氏は, 日本の昔話には女性の方から積極的に男性を訪ねて来たり, プロポーズしたりして結ばれるが, のちに女性が消え去ってしまうというパターンが多いことを指摘している（上の表）。
　女性の方が積極的という話が日本に多い理由を, 河合氏は次のように説明する。欧米では, まず自我を確立して自己主張していくのに対し, 日本では周囲の考えなどを受け入れながら自分をつくっていく。つまり, 自己主張をするよりも, 他を取り入れるというパターンが優勢である。主体であるところの人間（男性）は, 外界から来た客体（女性）の積極的な行為に合わせて, あるいはそれを受け入れて行動したように意識したり, 実際にそのような「形」を取る方を好むのだそうだ。
　前回までの議論の中で, 日本語では「感覚する人間」を中心として構文が広がりを見せているのに対し, ドイツ語では「行為する人間」を中心に構文が広がっていることを見てきた。あくまで「ことば」についての話だったが, 河合氏の「文化」についての指摘と興味深い平行性が見られる。
　さて, まだまだ議論は尽きないが, 残念ながらそろそろ終わりが近づいてきた。ことばと文化をめぐるお話はひとまずこれでおしまい。

文法補足

 文法補足① zu 不定詞句

60

> Es gefällt mir, <u>lange im Bett zu bleiben.</u>
> ずっとベッドの中にいるのが私は好きだ。

★後半部分はドイツ語で zu 不定詞句と呼ばれているもので，英語の to 不定詞句に相当する。動詞は句の末尾に「zu ＋不定詞」という形で置かれている。

§1 zu 不定詞句の作り方

◇zuを伴う不定詞句のことを **zu不定詞句**と呼ぶ。語句を日本語と同じような順序に並べ，末尾に「zu ＋不定詞」を置く。分離動詞では分離前つづりと基礎動詞の間にzuを置く。

mit Eva ins Kino **zu** gehen	エーファと映画に行く（こと）	
mit Eva aus**zu**gehen	エーファと外出する（こと）	【分離動詞】
mit Eva ausgehen **zu** können	エーファと外出できる（こと）	【話法の助動詞】

§2 zu 不定詞句の用法

◇zu不定詞句は，主語や目的語として用いられたり，名詞を修飾して用いられる。冒頭の例のようにesを先行させたり，「da[r]＋前置詞」を先行させる場合もある。

Es macht Spaß, **mit Eva ins Kino zu gehen.**	エーファと映画に行くのは楽しい。
Ich freue mich <u>darauf</u>, **mit ihr auszugehen.**	僕は彼女と出かけるのを楽しみにしている。
Hast du Lust, **heute mit mir auszugehen**?	今日私と出かける気はある？

> **参考** zu 不定詞句の前後のコンマ
> zu 不定詞句の前後にコンマを打つかどうかに関しては，書き手の判断に委ねられることも多い。ただし, es や「da[r]＋前置詞」を先行させる場合は必ずコンマを打つ。

◇zu不定詞句は，次のような形で，副詞的にも用いられる。

ohne ＋ zu不定詞 …することなしに

Erik sprang, **ohne zu zögern,** ins kalte Wasser.	エーリックはためらうことなく冷たい水に飛び込んだ。

um ＋ zu不定詞 …するために

Christina fährt in die Stadt, **um einzukaufen.**	クリスティーナは買い物をするために町に行く。

練習1 （　　）内の不定詞句を zu 不定詞句にして下線部に入れなさい。(解答 ☞次頁)

(1) (im Wald spazieren gehen)

　Es macht Spaß, _____.

(2) (Frank zum Abendessen ein|laden)

　Heike hat vor, _____.

🚩 文法補足② 分詞句

61

Die auf dem Sofa schlafende Katze ist Luna.
ソファーで眠っている猫はルーナだ。

★前半部分が全体として文の主語となっているが，その骨格は die [...] Katze〈猫〉。その間の [auf dem Sofa schlafende] は Katze を修飾しており，冠飾句と呼ばれる。

§1 現在分詞の作り方 （過去分詞の作り方は ☞ 50 頁）

◇動詞には，過去分詞のほかに，**現在分詞**と呼ばれる形がある。現在分詞は不定詞に –d を付けて作る。
schlafen 眠る ► schlafen**d** 眠っている

§2 現在分詞・過去分詞の用法

◇現在分詞・過去分詞は形容詞のように名詞を修飾して用いられる。形容詞と同じ格語尾（☞第6課）が付く。現在分詞は「…している」という意味を，過去分詞は「…した」「…された」という意味を表す。
eine **schlafende** Katze 眠っている猫　　eine **zerbrochene** Vase 割れた花瓶

◇現在分詞・過去分詞を含む句を名詞の前に置き，名詞を修飾することができる。**冠飾句**と呼ばれる。現在分詞・過去分詞に格語尾が付く。書き言葉でしか用いられない。
die **auf dem Sofa schlafende** Katze ソファーで眠っている猫

✓ 話し言葉では関係文（☞第11課）を使う。
　die Katze, die auf dem Sofa schläft （同上）

◇一部の現在分詞・過去分詞は形容詞化が進み，述語的にも用いられる。
Die Geschichte ist sehr **spannend**. その物語はとてもはらはらする。（◀ spannen 緊張させる）

◇現在分詞・過去分詞は，形容詞と同じように，名詞化（☞36頁）して用いられる場合もある。
der/die **Reisende** 　　旅行者（◀ reisen 旅行する）
der/die **Angestellte** 　サラリーマン（◀ an|stellen 雇う）

練習2　現在分詞・過去分詞を含む冠飾句を作りなさい。適切な格語尾を補うこと。
(1) 湖で泳いでいるカモ
　die / auf dem See / *schwimmend* / Enten （複数）

_____

(2) 定刻通りにウィーンに到着した列車　　　　　　　　　　　　　Wien [**ヴィーン**] （地名）
　der / pünktlich / in Wien / *angekommen* / Zug

_____

解答　練習1　(1) im Wald spazieren zu gehen　　練習2　(1) die auf dem See schwimmenden Enten
　　　　　　(2) Frank zum Abendessen einzuladen　　　　　　(2) der pünktlich in Wien angekommene Zug

付　録

🏳 付録① ドイツ語の数

🔊 ● 基 数
62

0	null				
1	eins	11	elf	21	ein**und**zwanzig
2	zwei	12	zwölf	22	zwei**und**zwanzig
3	drei	13	dreizehn	...	
4	vier	14	vierzehn	30	dreißig
5	fünf	15	fünfzehn	40	vierzig
6	sechs	16	sechzehn	50	fünfzig
7	sieben	17	siebzehn	60	sechzig
8	acht	18	achtzehn	70	siebzig
9	neun	19	neunzehn	80	achtzig
10	zehn	20	zwanzig	90	neunzig

100	[ein]hundert		
101	hundert[und]eins	...	
...		1 000	[ein]tausend
200	zweihundert	10 000	zehntausend
...		100 000	hunderttausend
234	zweihundertvierunddreißig	1 000 000	eine Million

🔊 ● 西暦年数
63

1999 neunzehn**hundert**neunundneunzig
2000 zweitausend　　2001 zweitausendeins　　⋯　　2010 zweitausendzehn

1989 / im Jahr[e] 1989　　1989年に

🔊 ● 序 数　（19までは基数に **-t** を，20以上は **-st** を付ける。太字は例外。）
64

1.	**erst-**	11.	elft-	21.	einundzwanzigst-
2.	zweit-	12.	zwölft-	22.	zweiundzwanzigst-
3.	**dritt-**	13.	dreizehnt-	...	
4.	viert-	14.	vierzehnt-	30.	dreißigst-
5.	fünft-	15.	fünfzehnt-	40.	vierzigst-
6.	sechst-	16.	sechzehnt-	...	
7.	**siebt-**	17.	siebzehnt-		
8.	**acht-**	18.	achtzehnt-		
9.	neunt-	19.	neunzehnt-		
10.	zehnt-	20.	zwanzigst-		

🔊 ● 日 付
65

Ich habe **am** 9. (=*neunt***en**) November Geburtstag.　私の誕生日は11月9日です。
Ich bin **am** 9. (=*neunt***en**) November 1989 geboren.　私は1989年11月9日生まれです。

| Der Wievielte ist heute?
| Den Wievielten haben wir heute?　今日は何日ですか。

　| Heute ist der 9. (=*neunt***e**) November.
　| Heute haben wir den 9. (=*neunt***en**) November.　今日は11月9日です。

付録② ドイツ語の時間・曜日・月・季節

🔊 ● 時 間
66

{ Wie spät ist es [jetzt]?
{ Wie viel Uhr ist es [jetzt]?　　[今] 何時ですか。

　　　Es ist drei Uhr.　　　3時です。

　　　Es ist { drei Uhr dreißig.
　　　　　　 { halb vier.　　　3時半です。

　　　Es ist zehn vor drei / zehn nach drei.　　3時10分前 / 10分過ぎです。

　Um wie viel Uhr?　　何時に？

　　　　Um drei Uhr.　　3時に

🔊 ● 曜 日
67

| Sonntag | 日曜 | Montag | 月曜 | Dienstag | 火曜 | Mittwoch | 水曜 |
| Donnerstag | 木曜 | Freitag | 金曜 | Samstag / Sonnabend | 土曜 | | |

　　　✓ Samstag は主にドイツ南部・西部，Sonnabend は主にドイツ北部・東部で用いられる。

　am Sonntag　　日曜に

{ Welcher Tag ist heute?
{ Welchen Tag haben wir heute?　　今日は何曜日ですか。

　{ Heute ist Dienstag.
　{ Heute haben wir Dienstag.　　今日は火曜日です。

🔊 ● 月
68

Januar	1月	Februar	2月	März	3月	April	4月
Mai	5月	Juni	6月	Juli	7月	August	8月
September	9月	Oktober	10月	November	11月	Dezember	12月

　im Januar　　1月に

🔊 ● 季 節
69

| Frühling | 春 | Sommer | 夏 | Herbst | 秋 | Winter | 冬 |

　im Frühling　　春に

付録③ ドイツ語の日常表現

🔊 **●「はい」と「いいえ」**
70

Ja. / Nein.　　はい。/ いいえ。
Doch.　（☞48頁）

Ja, gern[e].　　はい，喜んで。
Nein, danke.　　いいえ，結構です（ありがとう）。　　　　　　　　　　✓ Danke! だけで断りを表すことがある。

🔊 **●「ありがとう」と「どういたしまして」**
71

Danke! – Bitte!　　ありがとう。– どういたしまして。
Danke schön! – Bitte schön!　　どうもありがとう。– いいえ，どういたしまして。

Vielen Dank!　　どうもありがとう。

🔊 **● „bitte"**
72

Einen Kaffee bitte!　　コーヒーを一杯お願いします。
Bitte schön!　　　　　どうぞ。
Wie bitte?　　　　　　え？ 何ですって？

🔊 **● 毎日のあいさつ**
73

Guten Morgen!　　おはよう。
Guten Tag!　　　　こんにちは。
Guten Abend!　　　こんばんは。　　　　　　　　　✓ これらの表現は別れのあいさつとしても用いられる。
Gute Nacht!　　　　おやすみ。

Grüß Gott!　　《ドイツ南部・オーストリアで》おはよう；こんにちは；こんばんは。

Hallo!　　やあ。

Wie geht es Ihnen? / Wie geht's [dir]?　　調子はどうですか。
– Danke, [mir geht es] gut. Und Ihnen? / Und dir?　　ありがとう，元気です。あなたはどうですか。

🔊 **● 別れのあいさつ**
74

Auf Wiedersehen!　　さようなら。
Tschüs! / Tschüss!　　バイバイ。

Schönes Wochenende!　　よい週末を。
– Danke, gleichfalls! / Danke, Ihnen auch! / Danke, dir auch!　　ありがとう，あなたも。

主要不規則動詞変化表

不定詞	直接法現在		過去基本形	接続法第II式	過去分詞
backen （パンなどを）焼く	*du* *er*	backst (bäckst) backt (bäckt)	**backte (buk)**	backte (büke)	**gebacken**
beginnen 始める，始まる			**begann**	begänne (begönne)	**begonnen**
bieten 提供する			**bot**	böte	**geboten**
binden 結ぶ			**band**	bände	**gebunden**
bitten 頼む			**bat**	bäte	**gebeten**
bleiben とどまる			**blieb**	bliebe	**geblieben**
brechen 折る	*du* *er*	brichst bricht	**brach**	bräche	**gebrochen**
bringen 持ってくる			**brachte**	brächte	**gebracht**
denken 考える			**dachte**	dächte	**gedacht**
dürfen …してもよい	*ich* *du* *er*	darf darfst darf	**durfte**	dürfte	**gedurft (dürfen)**
essen 食べる	*du* *er*	isst isst	**aß**	äße	**gegessen**
fahren （乗物で）行く	*du* *er*	fährst fährt	**fuhr**	führe	**gefahren**
fallen 落ちる	*du* *er*	fällst fällt	**fiel**	fiele	**gefallen**
fangen 捕える	*du* *er*	fängst fängt	**fing**	finge	**gefangen**
finden 見つける			**fand**	fände	**gefunden**
fliegen 飛ぶ			**flog**	flöge	**geflogen**
geben 与える	*du* *er*	gibst gibt	**gab**	gäbe	**gegeben**
gehen 行く			**ging**	ginge	**gegangen**
gelingen 成功する			**gelang**	gelänge	**gelungen**

不定詞		直接法現在	過去基本形	接続法第II式	過去分詞
gelten 有効である	*du* *er*	giltst gilt	**galt**	gälte (gölte)	**gegolten**
geschehen 起こる	*es*	geschieht	**geschah**	geschähe	**geschehen**
gewinnen 勝つ			**gewann**	gewänne (gewönne)	**gewonnen**
greifen つかむ			**griff**	griffe	**gegriffen**
haben 持っている	*ich* *du* *er*	habe hast hat	**hatte**	hätte	**gehabt**
halten （手に）持っている	*du* *er*	hältst hält	**hielt**	hielte	**gehalten**
hängen 掛っている			**hing**	hinge	**gehangen**
heißen …という名前である			**hieß**	hieße	**geheißen**
helfen 助ける	*du* *er*	hilfst hilft	**half**	hülfe (hälfe)	**geholfen**
kennen 知っている			**kannte**	kennte	**gekannt**
kommen 来る			**kam**	käme	**gekommen**
können …できる	*ich* *du* *er*	kann kannst kann	**konnte**	könnte	**gekonnt** **(können)**
laden （荷を）積む	*du* *er*	lädst lädt	**lud**	lüde	**geladen**
lassen …させる	*du* *er*	lässt lässt	**ließ**	ließe	**gelassen** **(lassen)**
laufen 走る	*du* *er*	läufst läuft	**lief**	liefe	**gelaufen**
leiden 苦しむ			**litt**	litte	**gelitten**
lesen 読む	*du* *er*	liest liest	**las**	läse	**gelesen**
liegen 横たわっている			**lag**	läge	**gelegen**

不定詞		直接法現在			過去基本形	接続法第Ⅱ式	過去分詞
mögen …かもしれない	*ich* *du* *er*	mag magst mag			**mochte**	möchte	**gemocht** **(mögen)**
müssen …ねばならない	*ich* *du* *er*	muss musst muss			**musste**	müsste	**gemusst** **(müssen)**
nehmen 取る	*du* *er*	nimmst nimmt			**nahm**	nähme	**genommen**
nennen …と呼ぶ					**nannte**	nennte	**genannt**
rufen 呼ぶ					**rief**	riefe	**gerufen**
scheiden 分ける					**schied**	schiede	**geschieden**
scheinen 輝く，思われる					**schien**	schiene	**geschienen**
schießen 撃つ					**schoss**	schösse	**geschossen**
schlafen 眠っている	*du* *er*	schläfst schläft			**schlief**	schliefe	**geschlafen**
schlagen 打つ	*du* *er*	schlägst schlägt			**schlug**	schlüge	**geschlagen**
schließen 閉じる					**schloss**	schlösse	**geschlossen**
schneiden 切る					**schnitt**	schnitte	**geschnitten**
schreiben 書く					**schrieb**	schriebe	**geschrieben**
schwimmen 泳ぐ					**schwamm**	schwämme (schwömme)	**geschwommen**
sehen 見る	*du* *er*	siehst sieht			**sah**	sähe	**gesehen**
sein …である	*ich* *du* *er*	bin bist ist	*wir* *ihr* *sie*	sind seid sind	**war**	wäre	**gewesen**
sitzen 座っている	*du* *er*	sitzt sitzt			**saß**	säße	**gesessen**
sollen …すべきである	*ich* *du* *er*	soll sollst soll			**sollte**	sollte	**gesollt** **(sollen)**

不定詞	直接法現在		過去基本形	接続法第II式	過去分詞
sprechen 話す	*du* *er*	sprichst spricht	**sprach**	spräche	**gesprochen**
springen 跳ぶ			**sprang**	spränge	**gesprungen**
stehen 立っている			**stand**	stände (stünde)	**gestanden**
steigen 登る			**stieg**	stiege	**gestiegen**
sterben 死ぬ	*du* *er*	stirbst stirbt	**starb**	stürbe	**gestorben**
tragen 運ぶ	*du* *er*	trägst trägt	**trug**	trüge	**getragen**
treffen 会う	*du* *er*	triffst trifft	**traf**	träfe	**getroffen**
treten 歩む，踏む	*du* *er*	trittst tritt	**trat**	träte	**getreten**
trinken 飲む			**trank**	tränke	**getrunken**
tun する	*ich* *du* *er*	tue tust tut	**tat**	täte	**getan**
vergessen 忘れる	*du* *er*	vergisst vergisst	**vergaß**	vergäße	**vergessen**
verlieren 失う			**verlor**	verlöre	**verloren**
wachsen 成長する	*du* *er*	wächst wächst	**wuchs**	wüchse	**gewachsen**
waschen 洗う	*du* *er*	wäschst wäscht	**wusch**	wüsche	**gewaschen**
werden …になる	*du* *er*	wirst wird	**wurde**	würde	**geworden** (worden)
wissen 知っている	*ich* *du* *er*	weiß weißt weiß	**wusste**	wüsste	**gewusst**
wollen …したい	*ich* *du* *er*	will willst will	**wollte**	wollte	**gewollt** (wollen)
ziehen 引く			**zog**	zöge	**gezogen**

文法
索引

表　　紙：小林正明
イラスト：吉岡悠理

総合学習・異文化理解のドイツ語　改訂版

検印 省略	©2016 年 1 月 15 日　　　　初版発行 2022 年 1 月 25 日　　　　第 3 刷発行 ©2023 年 1 月 30 日　改訂版　初版発行

編著者　　　　　　　　　　　大　薗　正　彦

発行者　　　　　　　　　　　小　川　洋一郎

発行所　　　　　　　　株式会社 朝 日 出 版 社
〒101-0065 東京都千代田区西神田 3-3-5
電話　(03) 3239-0271・72（直通）
振替口座　東京　00140-2-46008
組版／メディアアート

ISBN 978-4-255-25459-3 C1084
https://www.asahipress.com

(株)朝日出版社 第一編集部　〒101-0065 東京都千代田区西神田 3-3-5　TEL：03-3239-0271